超一流のすぐやる技術

年間5000人を変えるコンサルタント
横山信弘
Nobuhiro Yokoyama

SB Creative

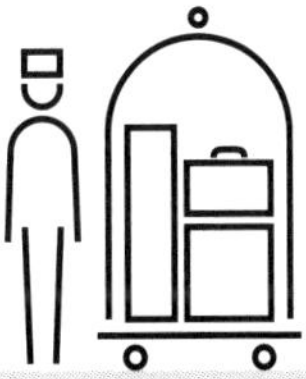

プロローグ

超一流の すぐやる技術とは？

超一流はなぜ、「すぐやる」のか？

はじめまして。横山信弘と申します。

本書を手に取っていただき、ありがとうございます。

突然ですが、皆さんに質問したいことがあります。

「すぐやる」というフレーズを聞いて、心が軽くなりますか？

それとも重くなりますか？

どちらかというと、重くなりませんか？

心が重くなるように感じるのは、何事も**「すぐやる、すぐやる」と考えていると疲れる**ことがわかっているからです。

ですから、気分が重くなるような、何事もすぐやろうという意識は捨ててください。

本書で紹介しているのは、**「超一流のすぐやる技術」**です。

超一流の人は、やるべきことは「すぐやる」し、やるべきでないことは「すぐやらない」のです。

そして何より、**成果につながる行動のみ「すぐやる」のです。**

世界一シンプルな「すぐやる技術」

本書は、世界一シンプルな「すぐやる技術」を紹介しています。

・**すぐに読める**こと

すぐに思い出せること

この2点が特長です。

何事も軽々とやるには、あなたがポーター（荷物の運搬などを主業務とするホテル従業員）だとイメージし、やるべきことを台車の上に置いた「荷物」だと考えればよいのです。

重そうな荷物を台車に載せ、砂利道の上を押すのは気が進まないはず。したがって、荷物を軽くし、滑らかな路面を選び、少しの力をかけて押せば台車は動きます。

「軽い荷物を、軽い気持ちで、軽く押す」

——このようにやれば、何事も「今すぐやる」ことはできます。

本書では、これを**「台車理論」**と名付けて解説しています。他の「すぐやる」系の書籍と異なり、色々な心がけやノウハウを書き連ねてはいません。

すぐやるのに、すぐに思い出せないテクニックでは使い物にならないと私は考えたからです。

「台車理論」は、いつでも**すぐ思い出せることが最大の利点**。だからこれ以上にシンプルな理論やテクニックは他にないと言えるでしょう。

したがって、この本は軽々と読めるはずです。そう考えるだけで、まずは気持ちが軽くなりませんか？

超一流のメソッドがシンプルな理由

ところで、なぜ私が編み出した「台車理論」は世界一シンプルなのか？

その理由をこれからお伝えします。

私は、営業目標を最低でも１００％達成、つまり絶対達成させるコンサルタントとして現場に入り、多くの人たちの行動や意識を変えてきました。

これまで指導してきた人の数は、年間約5000人と考えると、延べ3万人以上になると思います。

私が彼らに行ってきたのは「目標を達成させる」ことです。

ゴールは「すぐやる」ことではありません。目標を達成させること、成果をあげることがゴールです。

したがって、「すぐやる」習慣を身につけるのに、大変な時間と労力がかかっていては、いつまで経っても成果をあげることができません。

ですから私には、**どうしてもシンプルで覚えやすい理論が必要だったのです。**

そうして生まれたのが「台車理論」というわけです。

超一流はなぜ、「すぐやらない」のか？

冒頭に書いた通り、超一流の人は、やるべきことは「すぐやる」し、やるべきでないことは「すぐやらない」のです。

しかし「すぐやる」習慣には、重大な副作用があります。

何でもかんでも「すぐやる」ようにしていると、その分だけ仕事量が増えていき、仕事中毒になってしまう可能性があります。

なぜなら、現代は昔と異なり、一人に任される仕事が増えている時代だからです。

また、何も考えずに「すぐやる」を続けていると、周囲の人から軽く扱われてしまう危険性もあります。

超一流の人が、他人から軽く扱われることなどありません。

私はあなたに、本書を読むことで「すぐやる技術」を身につけてほしいと思っています。ですが、それは、結果として処理マシーンのようにたくさんの仕事量をこなすようにするためではありません。

私は昔、「思考が眠っている人」でした。

何事に対しても「すぐやる」ことができない人の気持ちは、今も痛いほどわかります。自分を見失っていた時期が長すぎて、自分が今何をすべきなのか、将来に対してどんな行動を起こすべきなのか、まったく考えられなかったのです。

しかし、今は違います。すぐやるべきことと、すぐやらないほうがいいことの区別もできるようになりました。また、自分のために運ぶものなのか、他人のために運ぶものなのかも判別ができるようになりました。

あなたは将来、どんな自分になっていたいですか？

どんな生活を送っていると幸せを感じますか？

目の前の荷物ばかりに目を奪われるのではなく、将来の夢実現のために、今動かしておいたほうがいい荷物もあるのです。

その荷物の存在にあなたはいま気付いていますか？


目先のことばかりを「すぐやる」のはやめましょう。

自分の人生は自分のもの。他人に振り回される人生に終止符を打つのです。

今すぐやらなくてもいいけれど、未来のために、今すぐやったほうがいいことをどれだけ優先的にやるか。そこで、人生の「質」が変わってきます。

本書はあなたの人生に幸せをもたらすこと、ひいては社会に貢献することを目的としています。

すぐやる人は「軽い荷物を、軽い気持ちで、軽く押す」

本書の主な構成は次の通りです。

まず、はじめに**第1章**では、多くの人が**「すぐやる」ことができない理由**について紹介しています。

次に**第2章～4章**では、まずは**「すぐやる技術」を身につけるためのノウハウ**として、**「台車理論」**について、ステップごとに詳しく紹介しています。

そして、**第5章、6章**では「台車理論」を応用し、「すぐやる」ことではなく「成果を生み出す」ことを目的としたノウハウである**「台車管理」**についても触れています。

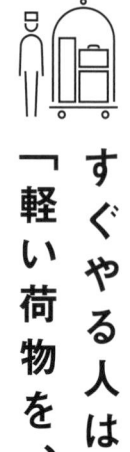

高級ホテルのポーターが台車を軽々と押すような気分で、「超一流のすぐやる技術」を身につけましょう。

本書を読むことで、あなたの気持ちが軽くなることを心から望んでいます。

横山信弘

『超一流のすぐやる技術』目次

プロローグ　超一流のすぐやる技術とは？

第1章　あなたが「すぐやる」ことができない本当の理由

第2章

荷物を軽くする「スケールテクニック」

第3章

道を滑らかにする「ノイズキャンセリング」

第4章 押す力を鍛える「レジリエンス」

第5章

「軽く扱われない人」になる

第6章

やりたいことをまっすぐやる！「台車管理」

エピローグ ——軽々とやる人になり、「ワークライフバランス」を実現する！——

第1章

あなたが「すぐやる」ことができない本当の理由

現代は、なぜ「荷物」を軽くしなければならないのか？

「やるべきこと」が目の前にあるのに、それをじっと眺めるだけで、いっこうにやれないときがあります。自分がやるべきだ、やるべきなのは今だ、とわかってはいるものの、なかなか体が動かない……。そういうときは、誰にでもあるものです。

しかし、高度情報化時代となった今、大きく変わったのは、一人に任される「荷物」が一昔前に比べ、明らかに増えていることです。

自分の意思とは関係なく、なぜか周囲に「荷物」が無秩序に散らばっているのです。

散らばっているだけならともかく、知らぬ間にどんどん増え続けることもあります。こういったことが、気分を重くする主な理由と言っていいでしょう。

どの「荷物」をどこへ運んだらいいのか、考えているうちから「荷物」が増えていってしまう状況では、かなり頭の回転を速くしないと、いっこうに処理が追いつかないのです。

路面が荒れていることも気分を重くする原因になります。不要な情報、雑音や邪念などのノイズが多い世の中ですから、どうしても**「心の摩擦抵抗」**は増えてしまいます。ただでさえ「荷物」は多く、ハイスピードで増えていくし、路面はぐちゃぐちゃだし……であれば、途方に暮れてしまうのも無理はありません。

また、「荷物」を押す力が、昔と比べて弱まっている、ということもあります。ストレスに打ち克つ力と言いましょうか。本書で**「レジリエンス」**という言葉で紹介している、「抵抗力」「耐久力」が弱まっている人も増えているのもまた事実です。

いずれにしても、色々な要因が絡み、やるべきことを「すぐやる」には、難しい時代です。

そのせいで、多くの人が拠り所となる方法を欲しがっていることも間違いありません。自分に対しても理論武装しないと、何事も軽々とすぐやることができないからです。

すぐやらない人の2つのデメリット

放っておいても、どんどん「荷物」が増えていってしまう現代。それらの荷物を目的地に運ばず、「もうすぐ、もうすぐ」と言って、そのまま先送りしたらどうなるでしょうか？

先送りすることで、一瞬はストレスから解放されるでしょう。しかし、それはその瞬間だけのことです。

「思考が眠っている人」は、目の前に散らかっている「荷物」が見えません。しかし、ひとたび目を開けると、膨大に積み上げられた「荷物」の存在に圧倒され、呆然とするしかないでしょう。

「先送り」「先延ばし」の悪癖がある人は、常に「台車理論」を思い出してください。「台車理論」で理論武装すれば、先送りの「デメリット」がわかりやすくなります。

デメリットは、次の2つです。

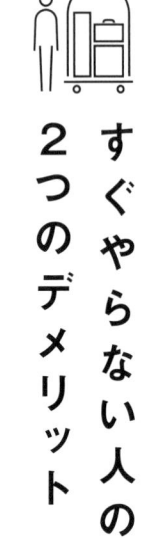

先送りせずに荷物をすぐ運ぶ

・先送りする人

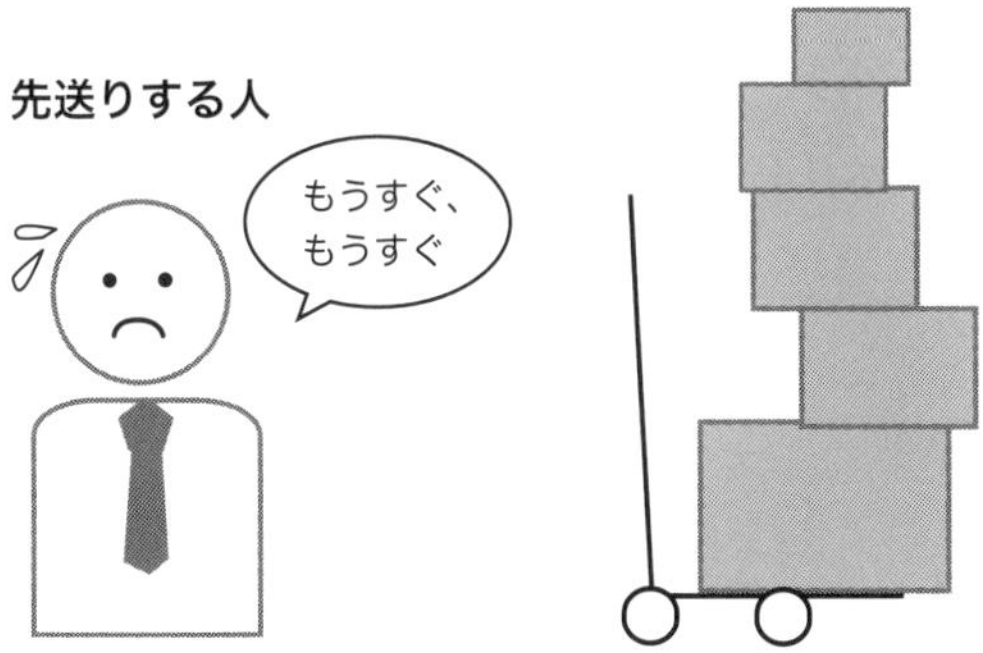

→放っておくとどんどん荷物が増えていく

・すぐやる人

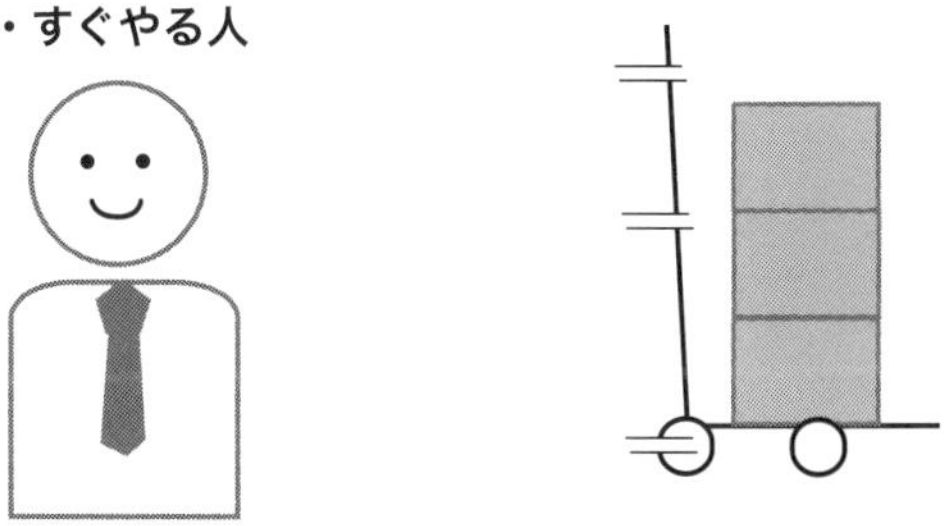

→軽い荷物を、軽い気持ちで、軽く押すことで、
何事も今すぐやれる

**「台車理論」で考えると
今すぐやれるようになる。**

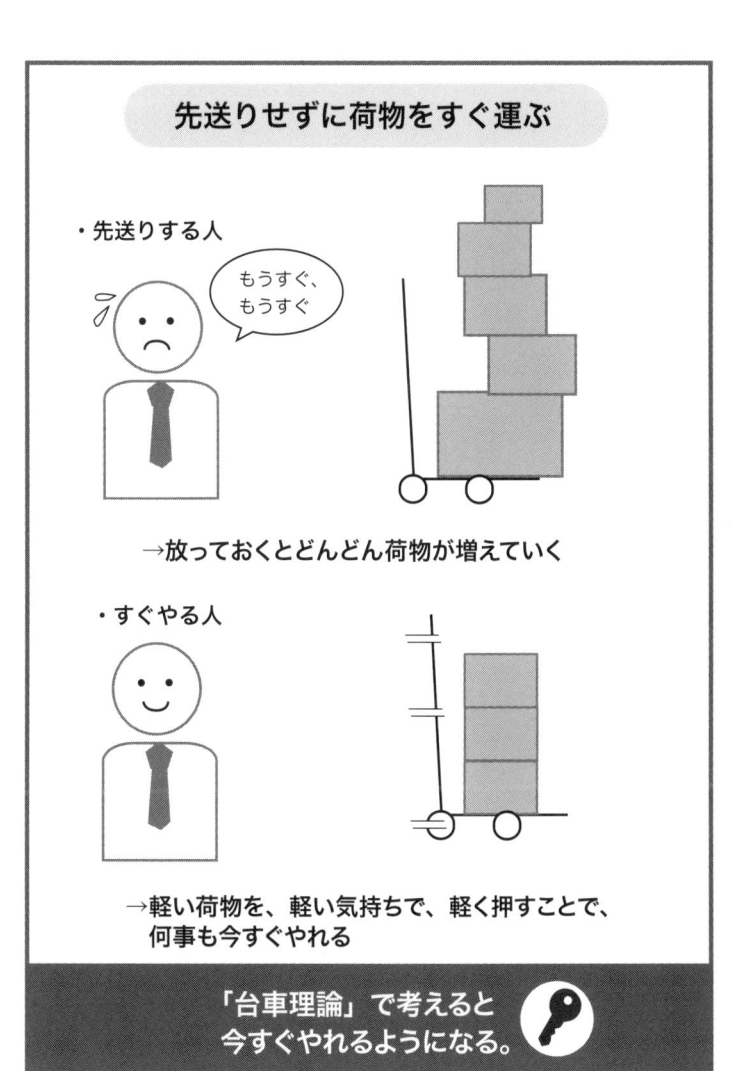

1．ストレスがたまる
2．品質が落ちる

デメリット1の「ストレスがたまる」は、当然です。自分が運ばなければならない「荷物」がどんどん増えていくわけですから、思考が眠っている状態でない限り、先送りすればするほど気分が重くなっていきます。

それほど責任の大きな仕事に就いているわけでもないのに、先送りを続けるだけで「肩の荷が重い」と感じるのはそのせいです。

デメリット2の「品質が落ちる」も、少し考えればわかることでしょう。

じっくりと考えてから着手したほうが仕事の品質が上がると信じている人はたくさんいます。

しかし、もし時間に余裕があるのなら、**スタートが早ければ早いほど、仕事の品質が上がることは間違いありません。**スタートが遅いことで、なぜ品質が落ちるのかというと、その仕事に求められることや、その仕事に対する気持ちを時間とともに忘れていってしまうことが最大の原因です。

「台車理論」でいうと、**どの「荷物」をどの目的地へ、いつまでに運ばなければならないのかを、単純に忘れてしまう**ということです。

「荷物」の形状が複雑であったり、複数の「荷物」をそれぞれ別の目的地へ届けなければならないというケースであれば、よけいに後回しにすると、仕事の品質は落ちていきます。

早めに片付けないと、荷物が見えなくなる

時間が経つにつれ、人の記憶は曖昧になっていきます。

ですので**着手するスピードが遅くなれば遅くなるほど、そもそも何をすべきなのか、何を求められているのか、なぜやろうと思いついたのか、を忘れていってしまうのです。**

また、仕事に着手して始めて「自分が理解できていない部分」の存在が判明するこ

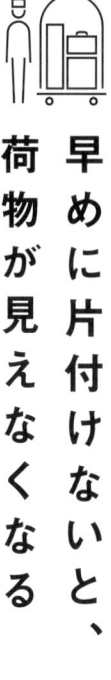

とも多いでしょう。

したがって、**とにかく始めてみないことには、その仕事を完成させるには、何が足りていて、何が足りないのかが明らかにならない**とも言えます。

先送りをすればするほど仕事の品質が悪くなるのは、求められていることの記憶が曖昧になること、そして仕事を始めてから不足情報がわかったときに、それを補うまでの時間的余裕が少なくなるからです。

ここまで、先送りによる2つのデメリットを解説しました。それではいよいよ「台車理論」について、ご紹介します。

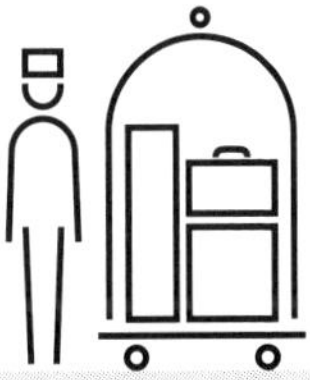

第2章

荷物を軽くする「スケールテクニック」

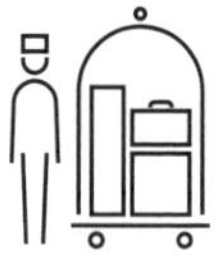

「台車理論」とは？

それでは、ここからプロローグで述べた、「台車理論」について詳しく紹介していきます。

台車理論とは、たとえばあなたがホテルのポーターだとイメージし、やるべき仕事は台車の上に載せる「荷物」だと考えればいいというものです。

まずはシンプルに、３つのポイントを覚えましょう。

1. 荷物を軽くすること
2. 気持ちを軽くすること
3. 軽々と押せる力を手に入れること

ポーターのあなたは台車の上に荷物を置き、それを押して目的の場所まで持っていこうとします。しかし、なかなか台車が動きません。なぜか？

1. 荷物が重い
2. 路面が平坦でない
3. 押す力が足りない

この3つが原因です。

荷物の重さを見積もり、軽くする「スケールテクニック」

では、ここから「荷物を軽くする方法」について解説していきます。

処理すべき仕事をすぐやらずに先送りする人の言い訳のほとんどは、「時間がない」です。「忙しいから」「バタバタしているから」、だから後回しにしてしまった、という言い訳をしてしまうもの。

しかし、本当に時間がないから先送りしたのか？

それを計測するためには、作業時間を見積もることが必要です。

「台車理論」は名前のとおり、論理的で再現性のあるテクニックです。

「論理的」の反対は「感覚的」。感覚的な言葉を使っていては、問題は解決しません。

つまり、**「時間がない」「忙しい」という感覚が本当に正しいのかどうかを、論理的に検証してみることが大切です。**

そのために役に立つのが「スケールテクニック」です。スケールテクニックとは主観的なものを客観視するために数値化するものです。

スケールテクニックで作業時間を
正しく見積もろう
・論理的
本当に時間がないのか？
この作業にかかる時間は？
まずは数値化してみよう
・感覚的
バタバタしている
時間がない
忙しい
主観的な感覚で判断せず
客観視するために数値化しよう

STEP1
スケールテクニックの使い方

たとえば、「研修報告書の作成」というタスクがあったとします。

明確な期限はないし、それほど参考になる研修でもなかったし、めったに書かない報告書なので、どう書いたらいいかハッキリしないし……という、あまりやるべきことが明確でないタスクだと、あまり気乗りがしませんよね。

この研修報告書の作成は、どれぐらいの時間で終わるのか？　こちらを例に実際に推測してみましょう。

20分？　1時間？　3時間？　30分？　5分？

経験が少ないタスクを処理する場合、その作業時間を見積もるのは簡単ではありません。だいたいで構わないと言われても、それでも見当がつかないということもあるでしょう。そこで、作業時間の目安を見つけるやり方をここで紹介します。

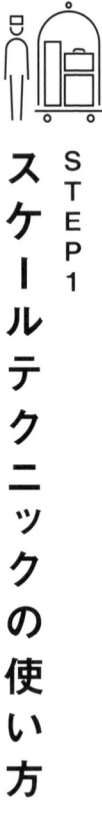

非現実的な数字からスタートし、徐々に現実的な数字に近づけていく方法です。

まず、非現実的な数字を設定します。たとえば、1万年にしましょう。はい、非現実的ですね。研修報告書を書くのに、「1万年かかるだろうか」と考えるわけですから。

気分を軽くするためには、まずは笑えるほど非現実的な仮説を立てることが重要です。最初から現実的な仮説を立てようとすると、気分は重いまま。ですので、遊び心を大切にしましょう。

当然、1万年もかかりませんから、少しずつ現実に近づけていきます。

1日の次は、半日。

千年、百年、10年、1年、1ヶ月、1週間、1日……。

一気に現実的な仮説へと近づいてきました。
非現実的な仮説を立てているときは、ほとんど考える必要はありません。しかし、**現実に近づいてくると、少し考える時間が必要になるため、仮説を立てるスピードが一気に落ちます。**

（半日か。研修報告書を書くのに半日かかるかな？　いや、半日はかからないだろう）

こんな感じです。さらに仮説を現実に近づけていきます。

3時間……？　2時間半……？　2時間……？

（2時間か、2時間ぐらいかかるかもしれないな……。いや、研修報告書だよな。2時間もかかるわけないし、2時間もかけちゃダメだよな）

1時間……？　30分……？

（そうだな。30分。30分もあれば報告書は書けるだろう。というか、30分以下で仕上げないとダメだな）

このように、感覚値を数値に変換することを**スケールテクニック**と呼びます。合っているかどうかは関係なく、客観的な視点で自分の感覚を見つめ直すプロセスが重要なのです。

整理されていない頭を整理することで、かなり気分が軽くなります。

（30分で終わるなら、昼食前に終わらせてしまおう。いつかはやらないとダメなんだから）

このように思えたら、大成功です。

気が進まない資料の作成や面倒なお客様への電話、仕事で疲れた日の食事の準備など、感覚的には重く感じる事柄でも、スケールテクニックを使って作業時間を見積もれば、意外に処理する時間は長くありません。「やるべきこと」という荷物も若干軽く思えてくることでしょう。

STEP2 荷物を小分けにする

荷物が大きすぎる場合は台車に載せることができないので、小分けにすることをおすすめします。小分けにするためには「プロジェクト」と「タスク」との識別ができるか、がポイントになります。

まずは、言葉の定義をそろえてみましょう。

- **「プロジェクト」……目標を達成させるための計画、タスクの集合体**
- **「タスク」……スケジュールに記入できるほどの作業や課題の最小単位**

たとえば、「イベントの集客をする」「部下を育成する」「職場の整理整頓をする」

大きすぎる荷物は小分けにする

・大きすぎる荷物は一度に運べない

・小分けにする

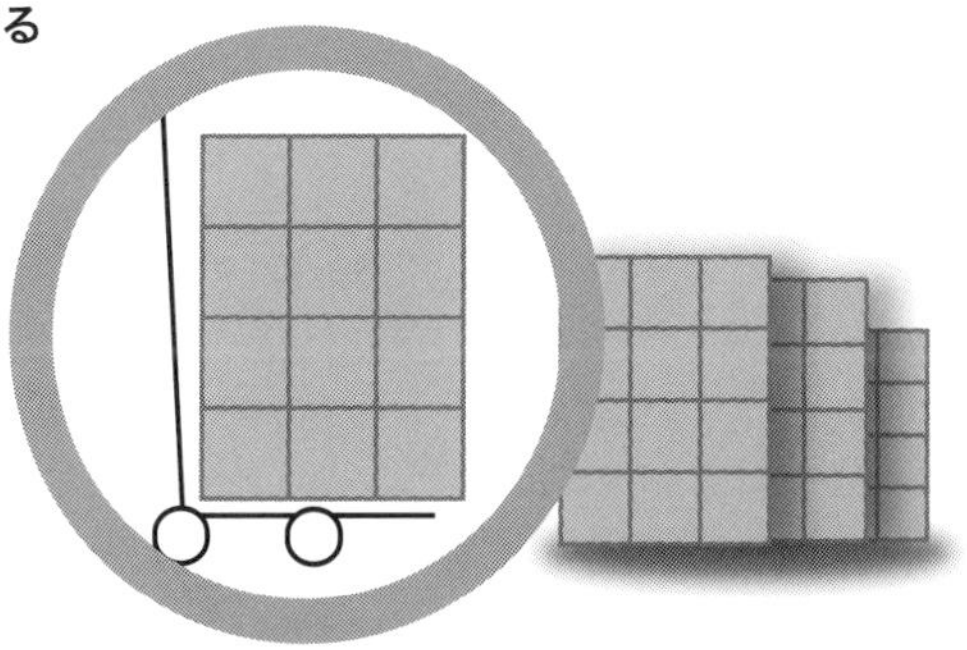

大きな荷物は運びやすいように
まずは小さく整理する

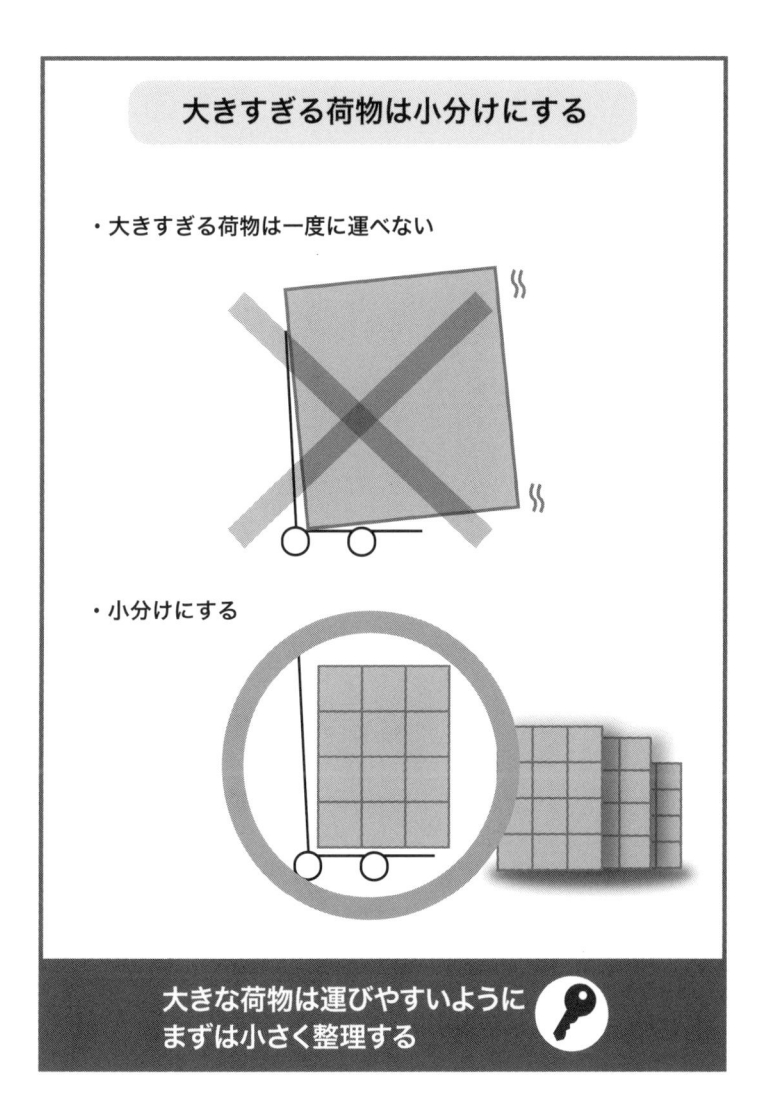

……これらはすべて「プロジェクト」です。

ひとつの荷物ではなく、大きさの異なる荷物の集合体です。どれもスケールテクニックを使い、作業時間を見積もることができません。

プライベートな「やるべきこと」や「やりたいこと」も同じです。

友達と海外旅行へ行く、ダイエットする、英会話を習う……これらもプロジェクトです。プロジェクトのままだと、すぐやることができず、なかなか前へ進めることができません。

たとえば、「組織の業務を効率化する」を例にして考えてみましょう。プロジェクトを、いったん一つひとつのタスクに分解していきます。

・課長に業務効率をアップする取り組みをしたいと進言する
・組織のキーパーソン３人に合意を取る
・組織全員が集まる日程を確保する
・組織全員を集めて通達する
・キーパーソン３人で業務の棚卸しをする

・総務と連携して業務の役割分担を話し合う
・業務の棚卸しと、役割分担のアイデアを全員に通達する

ここまでタスクに分解すると、スケールテクニックを使って作業時間を見積もることができます。

・課長に業務効率をアップする取り組みをしたいと進言する……【15分】
・組織のキーパーソン3人に合意を取る……【30分】
・組織全員が集まる日程を確保する……【10分】
・組織全員を集めて通達する……【20分】
・キーパーソン3人で業務の棚卸しをする……【45分】
・総務と連携して業務の役割分担を話し合う……【60分】
・業務の棚卸しと、役割分担のアイデアを全員に通達する……【25分】

大きな荷物ですと、台車に載せられないため、いったん荷物を小分けにします。そ

うしてはじめて台車に載せることができます。

「プロジェクト」はタスクに分解してからでないと作業時間を見積もることができないので、小分けにする癖をつけましょう。

STEP3 荷物の総量を減らす

ここまでが「スケールテクニック」の基本です。

スケールテクニック自体が、時間を見積もることで心理的な負担をなくす＝荷物を軽くする、ということですが、その他に**「仕事そのものの総量を減らす」**ということも重要です。


たとえば、業務の中には、**本来は自分がやらなくていいのに、自分の仕事だと思ってやってしまっている、あるいは誰かにやらされていること**があるかもしれません。

「荷物」でたとえると、目の前に散らかっている荷物の中に、いつの間にか他のポー

仕事そのものを
減らすことを考える

・自分の荷物でないものまで運んでいることも…

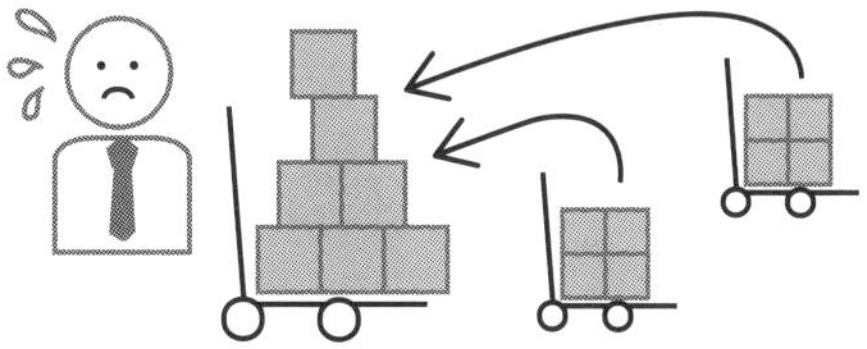

・「荷物を減らす」ことを考える

①他の人にお願いする

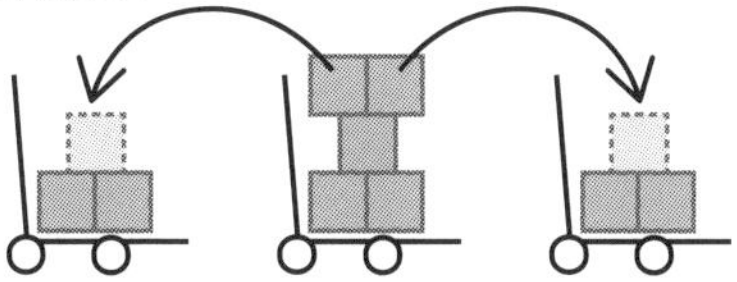

②外注する

③仕事自体をなくす

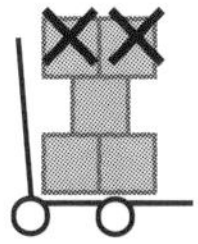

すべて自分でやろうとしなくても、荷物を減らす方法はある

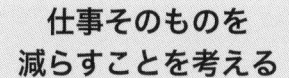

ターが運ぶべき荷物であったり、まったく別のホテルのお客様の荷物が混じってしまっているイメージです。

その場合は、それを他の人にお願いする（もしくは外注する）、そもそも、その仕事自体をなくすなど「やらない」という選択肢が考えられます。

どうやったら短い時間ですべての作業を終えることができるか。どうすれば業務が効率化できるかを考える際は、時間を減らすのではなく、**「荷物を減らす」**という発想も必要です。

そのためにまず、荷物の総量を正しく認識することです。

次のことを「見える化」することで、荷物の総量を認識できます。

STEP4 荷物のすべてを「見える化」する

ここまで、自分をホテルのポーターに見立て、やるべきことは「荷物」だと認識したほうがいいと書いてきました。その理由のひとつは、**自分がやるべきこと――「タスク」といったものは、本来見えないもの**であるからです。

やるべきことが多いと、あれをやらなくちゃ、あれをやりたいけどなかなか時間が……という焦りが、たまに意識下に出てきては泡のように消えていく、という繰り返しになります。

運ぶべき荷物が目の前にあれば、「心の葛藤」など、たとえ色々な事情はあっても、「とりあえず押してみるか」「ごちゃごちゃ言ってても仕方がない、運ぼう」という気になるものです。

しかし、**ひとたび物理的に見えなくなると、次々と目の前に現れてくる新しい「荷物」に意識を持っていかれます**。見えない荷物は、存在しないのと同じだからです。

そこで、荷物を荷物と認識させるために「タグ付け」をします。スーツケースに付けるネームタグのようなものをイメージしてください。

タグにつけるのは、その荷物の**「重量」**と運搬先の**「住所」**です。誰かに送り届けるものであるなら、その方の**「名前」**も。たとえると、「この資料を〝50分〟で作成し、〝3月2日（水）〟までに、〝岩崎さん〟へ提出する」と記したタグを付ける、というイメージです。

私は「ロディアNo．11」というてのひらサイズのメモ帳を使っています。ロディアのブロックメモ一枚に、タスクひとつのイメージで書き出し、それを「荷物」と認識する。

これが**荷物の見える化**です。

見える化すると「やるべきこと」がひと目でわかる

・荷物の量がわからないと…

・荷物が見える化されていると…

運ぶべき荷物は目の前にあれば、あとはやるだけ。

STEP5 荷物の「世界地図」を作る

散らかっている引き出しを整理する場合、まずはすべての物を外に出し、物の形、種類だけでなく、「いるものなのか、いらないものなのか？」「よく使うものなのか、あまり使わないものなのか？」などといった視点でいったんグループ分けします。そして、捨てるなら捨てる、まとめるならまとめると決め、整理し、引き出しに戻すと効率よく片付けることができます。

荷物を効率よく運ぶ場合も同じ要領で行います。

一つひとつの荷物を吟味していると、いくら時間があっても足りません。先述したとおり、現代は一人に任された「荷物」の絶対量が多く、ぼやぼやしていると荷物は増え続けるからです。

片付けのやり方と同じで、**まずは一度、自分自身が「やるべきこと」を全部、目の**

前に広げることが重要です。

荷物の「世界地図」を作るイメージです。

このとき、すでに手帳やスマホなどでタスク管理している人は、それらのタスクもすべて一つひとつ書き出して、目の前に広げていきます。

しかし、どこにも記していないタスクであれば、自分の脳の中を検索しなければなりません。

思い出す手順は、３ステップです。

まずは**脳の短期記憶にアクセスします**。短期記憶とは、別名ワーキングメモリです。現在作業中の記憶装置ですから、普段から頻繁にアクセスしています。そのため、それほどストレスを感じることなく、すぐに思い出すことができるでしょう。

「今日中に提案書を書かないといけない」

「お客様のアポイントを取らないと」

「懇親会の幹事を誰かに任せなきゃ」

「スポーツジム用のウェアを今週中に買う必要がある」

「マラソン大会の受付時間を早く調べろと友達に言われてた」

……などなど、色々な「やるべきこと」が乱雑に出てきます。

これらをすべてメモに書き出します。

次にアクセスするのは、**脳の長期記憶**です。長期記憶は、短期記憶と異なり、膨大なデータが格納された図書館のような場所です。データの「海」のような場所ですから、どこへどのようにアクセスすればいいかわかりません。「思い出せ」と自分の脳に命令しても、簡単には思い出せません。
そこで**「切り口」**を与えます。

「仕事で、やるべきことは?」

「趣味で、やるべきことは?」

「家族に対して、やるべきことは?」などと、自分に問いかけていきます。

さらに、切り口を細かくすることで、やるべきことを思い出しやすくなります。

たとえば、「仕事」という切り口を細分化していきます。

今抱えているすべての荷物を目の前に広げる

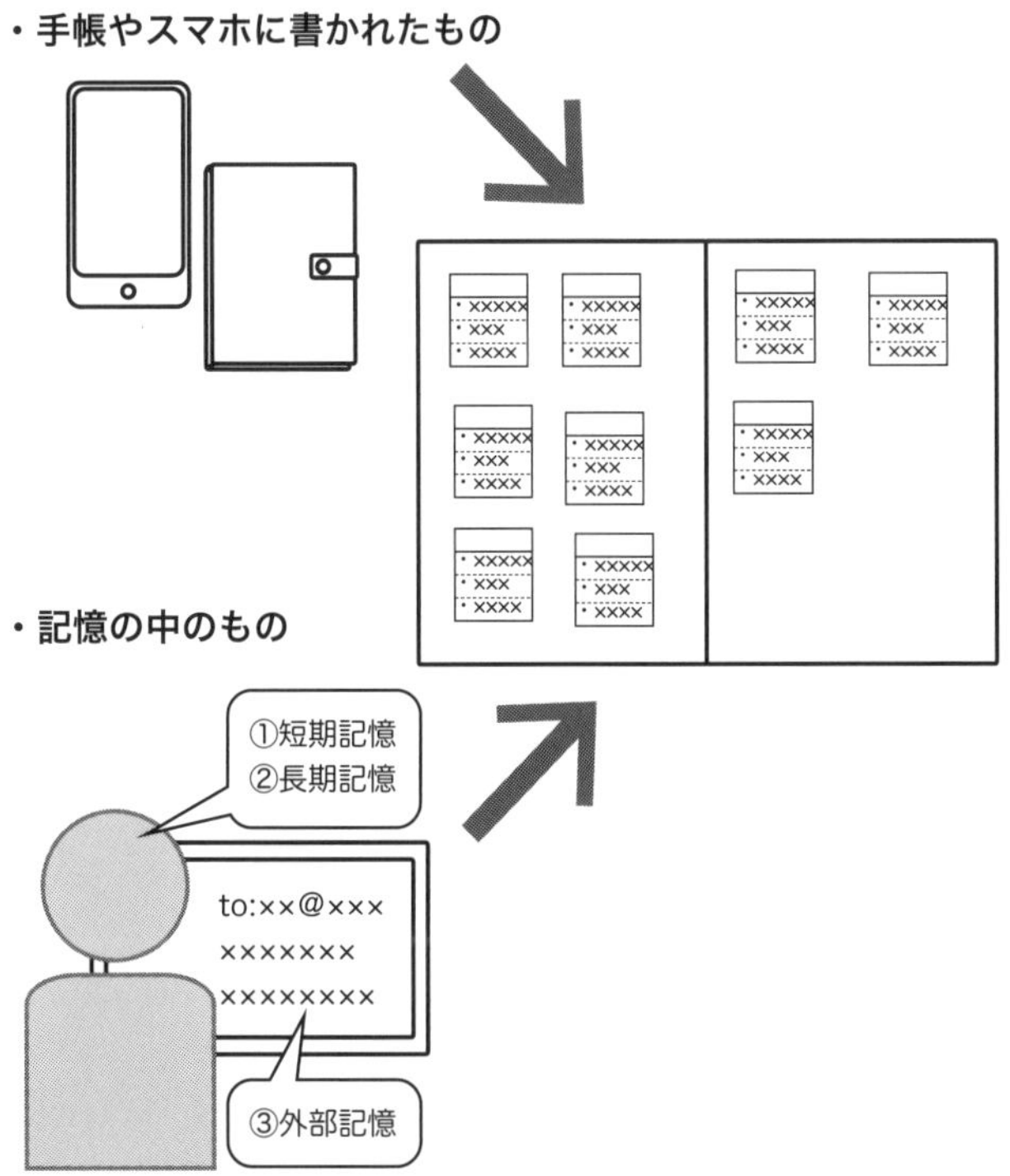

「荷物の世界地図」を作るとやるべきことが正しく把握できる。

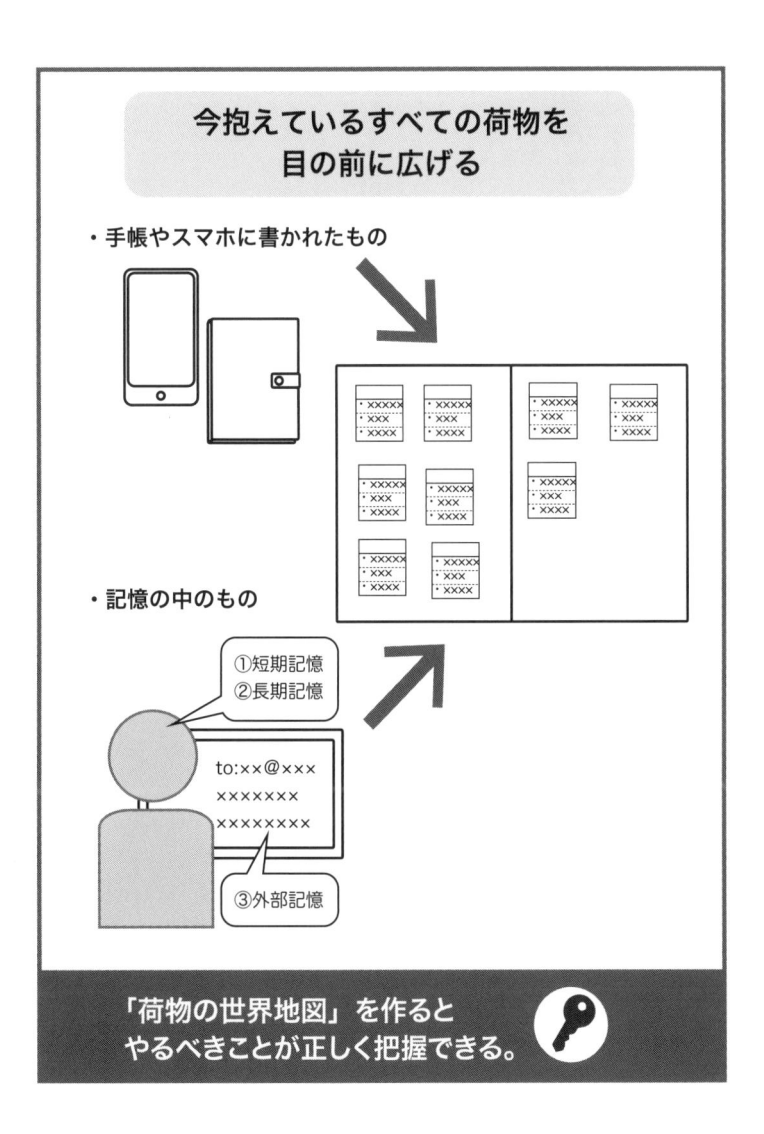

「上司に報告すべきことは？」「社内活動でやるべきことは？」「今期の目標を達成するうえでやるべきことは？」「自己研鑽するうえでやるべきことは？」

といった具合です。

また、脳の長期記憶にアクセスしても出てこない「やるべきこと」も存在します。

こうなると**3つめの記憶装置「外部記憶」にアクセスします。**

「確か、総務に提出しないといけない資料があったはず。何だっけ？」

「次にお客様を訪問する日を約束したかどうかがわからない。スケジュールはどうなっていたかな？」

過去に記したメモ帳であったり、誰かからもらったメールを検索します。それでもわからなければ、誰かわかる人に質問します。自分の脳を含めたすべての記憶装置を頼りにして、自分のやるべきことを調べるのです。

こうすることで、今自分が抱えているすべての「荷物」を明らかにし、目の前に広げることができます。そうでないかぎり「世界地図」などとは言えないですから。

紹介した短期記憶、長期記憶、外部記憶——これら3つの記憶に関してもっと知りたい方は、拙著『成功を習慣化する3つの記憶』で詳しく紹介していますので、よろしければこちらをご参照ください。

スマホやパソコンで「荷物」を見える化できるか？

次に、これらの「荷物」をすべてアウトプットし、「世界地図」を作る要領で目の前に広げていきます。

「自分がやることなのか、他の誰かがやるべきことなのか？」
「今やるべきことなのか、今やらなくてもよいのか？」
「一人でやることなのか、誰かと相談しながらやるのか？」

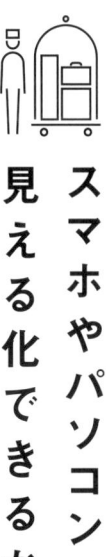

「オフィスでできることなのか、移動中でもできることなのか？」
……などと、色々な視点でグループ分けします。
このときに使うのは、紙のメモや付箋紙がいいでしょう。

スマホやパソコンなどの電子デバイスでタスク管理をする方がいます。とても便利ですので、それは構いません。私も、自分のタスクの一部をスマホのアプリで管理しています。

しかし、この「世界地図」を作るときは、メモ用紙などの紙を使って書き出すことをおすすめします。

理由は、パソコンやスマホの**画面が狭い**から。ただその一点のみです。

書き出した荷物は、ディスプレイのサイズ以上に広げることができません。それ以上の荷物を目にするためにはスクロールしなければならないのです。

ディスプレイから消えてしまった文字は見えなくなるため、脳のワーキングメモリ（短期記憶）に蓄えておかないと、新たにディスプレイに表示されたデータとの突き合わせができません。

その点、紙のメモ帳を使って、一つひとつの「荷物」を書き出し、机の上にすべてを並べれば、地図を上から見ているような状態になります。すべての「荷物」をストレスなく自分の視野に収めることができるのです。

荷物の「世界地図」を作り、すべてを支配したかのような気持ちで眺めると、「思考が眠っている人」から卒業し、正しく目を覚ますことができるのです。

前述のとおり、私は「ロディアNo．11」というメモ帳を使っています。ロディアにメモした内容は後で切り取り、メモの種類によってカテゴライズし、保管します。そしてまとまったメモを定期的に視界に収まる範囲で並べ、それを見ながらメモ同士をグループ分けし、頭の中を整理します。

情報をデジタル化することで、便利になることは多いですが、デジタル機器の出力画面には限界があることを忘れてはいけません。

特に私のように忘れっぽい人、ワーキングメモリが少ないのではと感じる人は、視界から消えた瞬間に思い出せず、データとデータとの突き合わせができなくなります。目の前にあるはずの「荷物＝やるべきこと」が消えてなくなるのです。

STEP6
荷物をまとめる

これまで述べてきたように、プロジェクトという大きな荷物をタスク分解して小さな荷物にすることが、荷物を運びやすくする基本の考え方です。

しかし、小さな荷物をひとつだけ台車に載せて運んでも効率が悪いですから、荷物をまとめるやり方も同時に考えてみましょう。

まずはいくつかの「プロジェクト」を「タスク」に分解してみます。

「経営会議の資料を作成する」というプロジェクトであるなら、それらをタスク分解し、スケールテクニックを使って、それぞれの所要時間を書き記します。

・資料の標準フォーマットを探す→５分
・目次案を課長に相談する→15分
・業績データを情報システム部のＡさんから入手する→15分
・経営課題の整理を部長に確認する→20分
・資料を作成する→50分

このような感じに分解します。すべて「荷物」だと認識するために、メモに記して目の前に広げていきます。

さらに他プロジェクトで「4月の懇親会の手配」があるとします。これもタスク分解します。

・懇親会の予算を課長に確認する→３分
・会場を探す→20分
・同期のＡさんに懇親会の司会を頼む→５分

これらのタスクも、すべて1枚ずつに記します。

他にも「会社で支給されたパソコンの調子が悪いので、情報システム部のAさんに問い合わせる」というタスクがあるなら、これもメモに記しておきます。

このとき、必ず一枚のメモに一つのタスクを記すことがポイントです。


こういったすべての「荷物」をいったん見える状態にします。目の前にはたくさんのメモが並べられ、荷物の「世界地図」ができあがっています。これらを効果的に台車に載せていきます。


コツは、**目的地が同じ荷物は、同じ台車に載せることです。**

たとえば、業績データを入手すること、懇親会の司会を頼むこと、パソコンの調子を確認してもらうこと、これらの「荷物」の目的地はすべて同じ「情報システム部のAさん」です。

情報システム部へ行き、Aさんに会って、これら3つの事柄を一度に相談すればばい

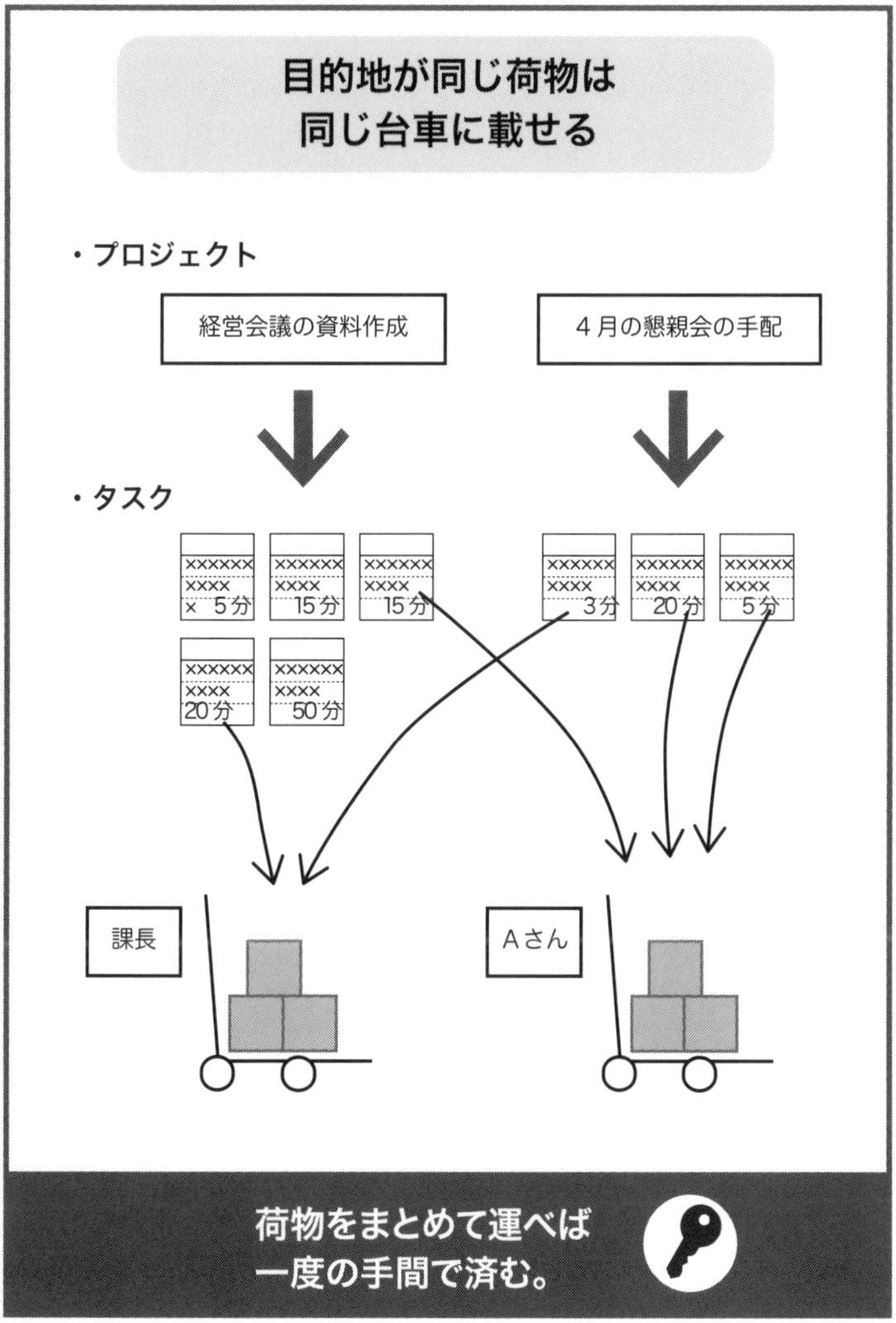
目的地が同じ荷物は
同じ台車に載せる
・プロジェクト
経営会議の資料作成
４月の懇親会の手配
・タスク
xxxxxx
xxxx
×　5分
xxxxxx
xxxx
15分
xxxxxx
xxxx
15分
xxxxxx
xxxx
20分
xxxxxx
xxxx
50分
xxxxxx
xxxx
3分
xxxxxx
xxxx
20分
xxxxxx
xxxx
5分
課長
Aさん
荷物をまとめて運べば
一度の手間で済む。

いのです。

経営会議の目次案のこと、懇親会の予算のことも、「課長」という同じ目的地です。これら2つの事柄を同時に相談すればいいのです。目的地が同じ荷物を同じ台車に載せることで、一度に運ぶことができます。

「台車」は、大きめのメモでもいいし、ビッグサイズの付箋紙でも構いません。一つひとつのタスクの名称と所要時間を記した付箋を、大きめの付箋の上に貼り付けておく。そしてそれらが終了したら、台車ごと一気にグシャッと捨てればよいのです。

荷物の「世界地図」を作り、その世界の支配者になる

これまでのことをまとめます。

会社に出勤した朝などに、今日やるべきプロジェクト、タスクをすべて書き出し、荷物の「世界地図」を作ります。

管理者クラスの人であれば1日ではなく、1週間や1ヶ月という単位で書き出しましょう。

「世界地図」を作ったら、「人」や「場所」などの属性でグループ分けし、まとめて一気に運搬してしまうのです。一度に「やるべきこと」が片付くと、気持ちがとても軽くなります。

とはいえ、頭の中で**「思考ノイズ」**が乱反射していては、スムーズにその荷物を押すことができません。路面の摩擦抵抗が大きいと、気分が重くなるからです。

そのため、次の章では、思考ノイズ、無意識のおしゃべりを「見える化」し、なくす方法＝**ノイズキャンセリング**の方法についてお伝えします。

これが「台車理論」の次のステップです。

第3章

道を滑らかにする「ノイズキャンセリング」

路面を滑らかにする

「もうすぐやる」「もうすぐやる」と言って手をつけない人の言い訳のほとんどが「時間がない」です。しかし、**たとえスケールテクニックを使い、時間があると理解できても、やらない人はやりません。**なぜなら、彼らはもっと別の問題を抱えているからです。

このとき、次に考えるのは、路面の問題です。

荷物が軽くても、路面が砂利道であったり、ぬかるんでいたりすると、台車を押してもうまく前に進みません。路面の摩擦抵抗が大きい、と言えばわかりやすいでしょうか。

たとえば何らかのミスをして、上司に謝罪しなければならないという「荷物」を抱えていたとしましょう。謝罪にかかる時間を見積もると、2～3分かもしれません。

しかし、それぐらいで済むとはわかっていても、気が進まないときはあります。

「どうして私が上司に謝らなくちゃいけないんだろう？」

「あのミスは本当に私のせいなのだろうか？」

「ミスを未然に防ぐためのマニュアルを、誰かが整備していればよかったんじゃないの？」

「いや、そんなことはないか。もっと謙虚になるべきだ。あれは私のミスだ」

「素直に謝ったらすぐ許してくれるかな？」

「1時間ぐらい説教されるだろうか？」

「意外にすんなり許してくれたりして。『それぐらいのミスは誰だってあるよ、ドンマイドンマイ』とか言われちゃったり……」

「いや、それはないかも。この前も主任が課長にめちゃくちゃ怒られてたから」

「黙っていれば、ひょっとして見逃してくれるかもしれない。前もそういうことあったし」

「いや、黙ってるのはまずいだろう」

「Aさんに相談してみようかな。謝るんだったら、メールがいいか、電話がいいか、それとも面と向かって――」

……このように、ごちゃごちゃと頭で考えていると、堂々巡りを繰り返します。結論を導き出すことができず、いたずらに時間を浪費します。

すぐに行動できない人の恐ろしい「葛藤プロセス」とは？

このような**「思考ノイズ」**が、常に脳のワーキングメモリに入っていると、その仕事を処理し終わるまで頭の中でリフレインを起こし、ストレスは溜まる一方です。

ひどい場合は、「なんで私がこんなことで悩まなくちゃいけないわけ？　絶対に変だ。何かがおかしい」などと**被害者意識まで醸成されていってしまいます。**

このプロセスは以下のように変遷します。

1．やるべきだ（決意）

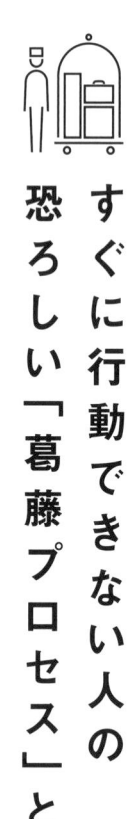

2．やらなくても許される（甘え）
3．やらないほうがいい（発見）
4．やるべきではない（確信）
5．なぜやらなくてはならないのか？（怒り）

普通であれば、何らかの仕事を目の前にして「今やるべきだ」と決意します。しかし、すぐにやらずに先送りすると、ゼロであったはずの思考ノイズが突如として出現します。

人は皆、自分の過去の言動は肯定したくなるものです。これを「一貫性の法則」と呼びます。先送りすればするほど、過去の意思決定を一貫して正当化します。ノイズがノイズを生む原理は、ここにあるのです。

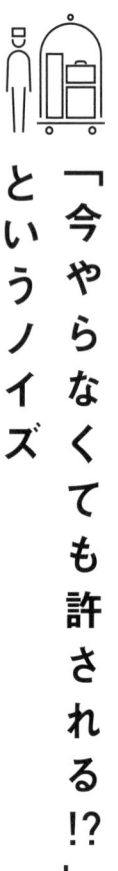

「今やらなくても許される!?」というノイズ

最初に出てくるノイズは、「今やらなくても許されるだろう」という甘えが原因で生じるものです。誰かに依頼された仕事なら、依頼者から許されるだろうという甘え。一方、自分自身が決意したことだと、簡単に先送りを許してしまいます。これも依頼者が自分自身であるゆえの甘えからです。

「今やらなくても許される」というノイズは、ぬかるんだ泥道に何らかの種を撒いたようなものだと考えましょう。さらに「今やらないほうがいい」というノイズに成長すると、その種に「水」をやっていくことになります。

水をやり続けると、種が発芽し、路面に雑草が生えてきます。こうなると、思考ノイズは「今やるべきではない」という確信めいたノイズに成長し、心の摩擦抵抗は一気に増大していきます。路面が雑草だらけになるからです。とても台車を押す気にな

先送りのノイズは
時間を追うごとに成長する

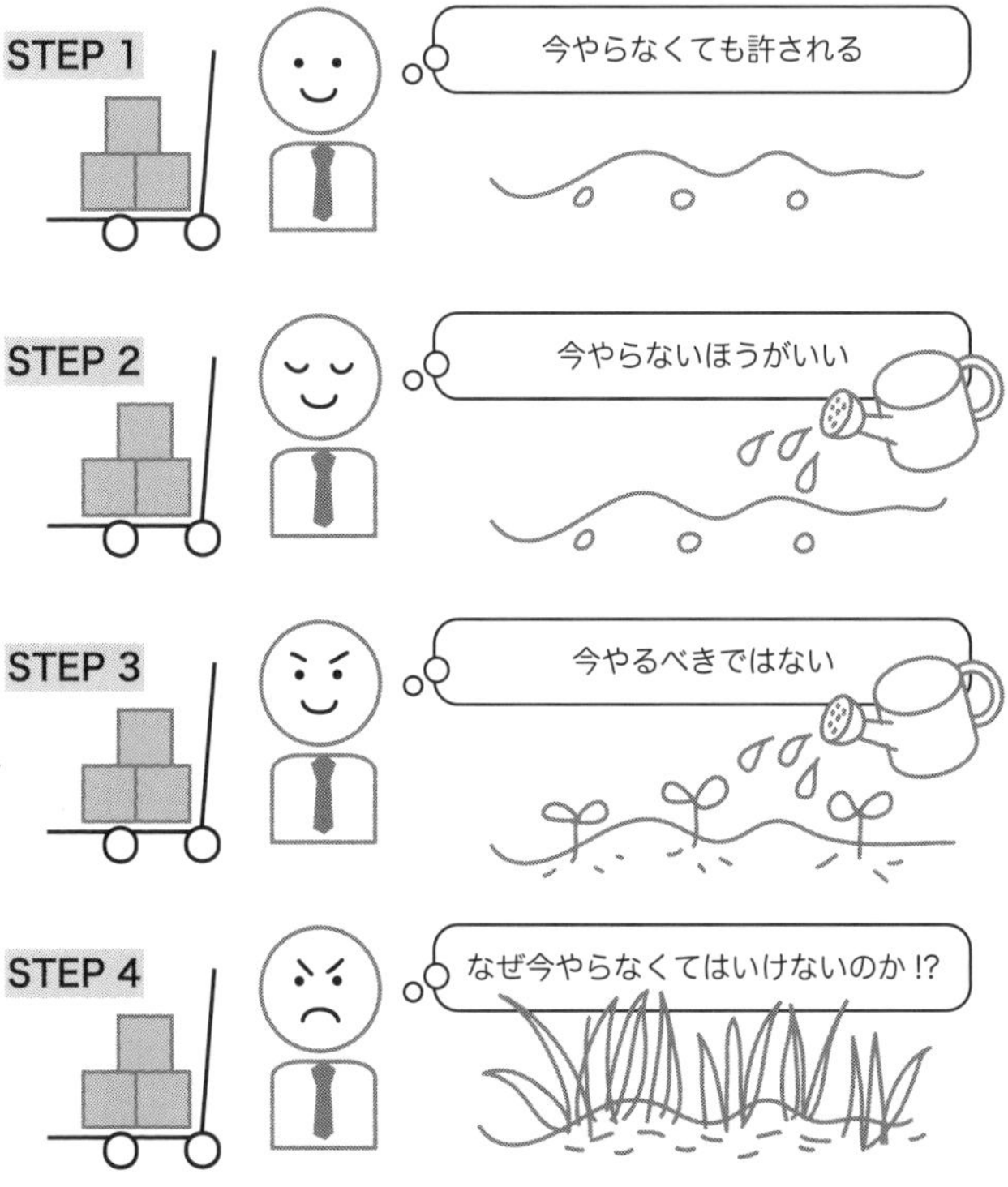

ノイズを放置すると、結末は「いつかはやる」
から「いつまで経とうがやらない」になる。

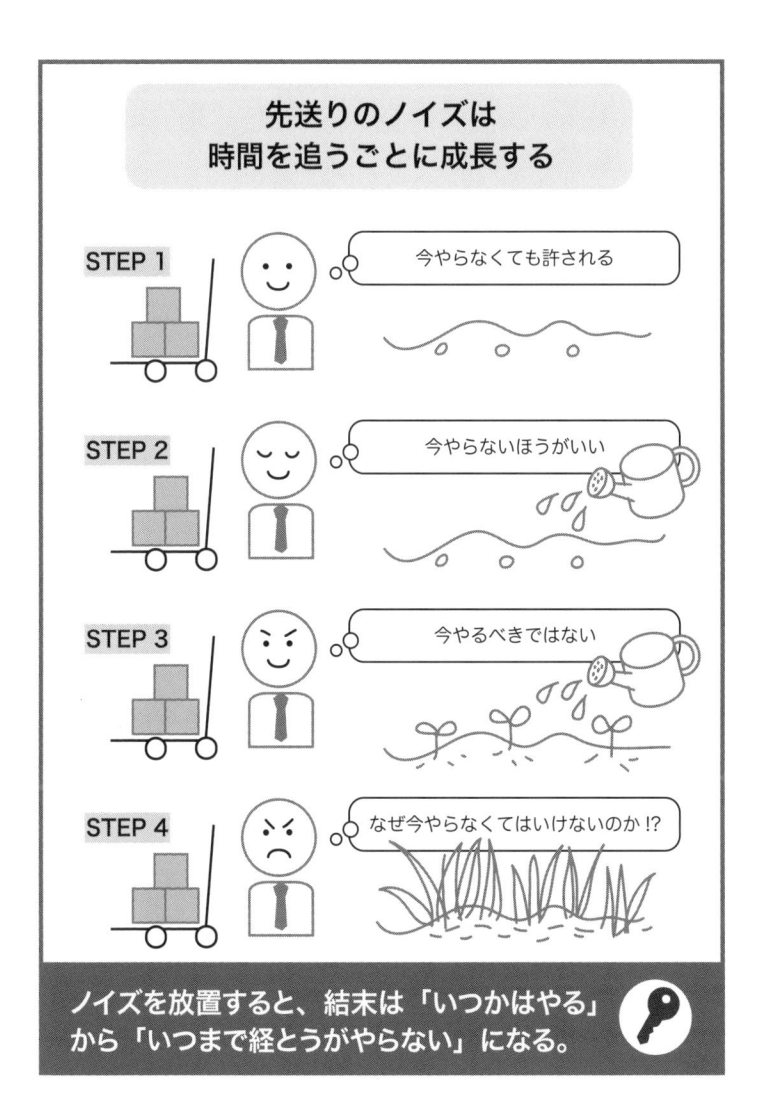

れません。

ひどい場合は、路面に生えた雑草が草木にまで成長し、「今なぜやらなくてはならないのか？」という怒りにまで発展していきます。

月日が経過すると、「今やらなくても許される」「今やらないほうがいい」「今やるべきではない」「今なぜやらなくてはならないのか？」といった表現から「今」が取り除かれ、「やらなくても許される」→「やらないほうがいい」→「やるべきではない」→「なぜ、やらなくてはならないのか？」とノイズが極大化していきます。

こうなると「今やらない」から、「今」がなくなり、やるべきこと自体を「やらない」という決断に姿形を変えます。「いつかはやる」という状態から「何時間経とうがやらない」という決断に変化するわけですから、最悪の結末と言えるでしょう。

ホテルのポーターが荷物を載せた台車を目の前にし、「今押すべきではない」から、そもそも「押すべきではない」と決断し、「なぜ私がこの荷物を押さなくてはならないのか？」と怒り始めたら訳がわからなくなります。

「悩む習慣」がある人は、台車の「車輪」がない

また、悩んでばかりの人がいます。悩んでも仕方がないのに、悩み続けてしまうのです。あまりに多くの悩みを抱えてしまうとストレスが増大し、疲労が蓄積します。体調にも影響を与えてしまうことでしょう。

やるべきことが目の前にあるにもかかわらず、ああでもない、こうでもない、と悩んでいる人は、台車に「車輪」が装着されていないか、「車輪」がうまく回っていないのだと受け止めてください。

台車の車輪がうまく回らなければ、「荷物」を運ぶのはかなりキツイと言えるでしょう。これではストレスが溜まって当然です。

「悩む」と「考える」の違い

それでは、どうすれば台車の車輪が正しく回転するのでしょうか。

「頭の回転」と同じように捉えればわかりやすいかもしれません。

わかりやすく解説すると、悩んでいる人は頭が回転していません。さらにわかりやすく言うと、**悩んでいる人は、考えていないのです。**

一見、考えているようなふりをしているだけで——正確には自分でも考えていると思い込んでいて気付いていないのでしょうが——考えていません。

悩むことから解放されるには、「悩む」とはどういうことなのか、定義をはっきりさせることです。**「悩む」と「考える」は違うのです。**

「考える」をコンピュータのデータ処理にたとえると、「悩む」はデータ処理されていません。データが足りないのではなく、データが格納されている記憶装置に正しくアクセスできていないのです。

悩んでいる人は考えていない

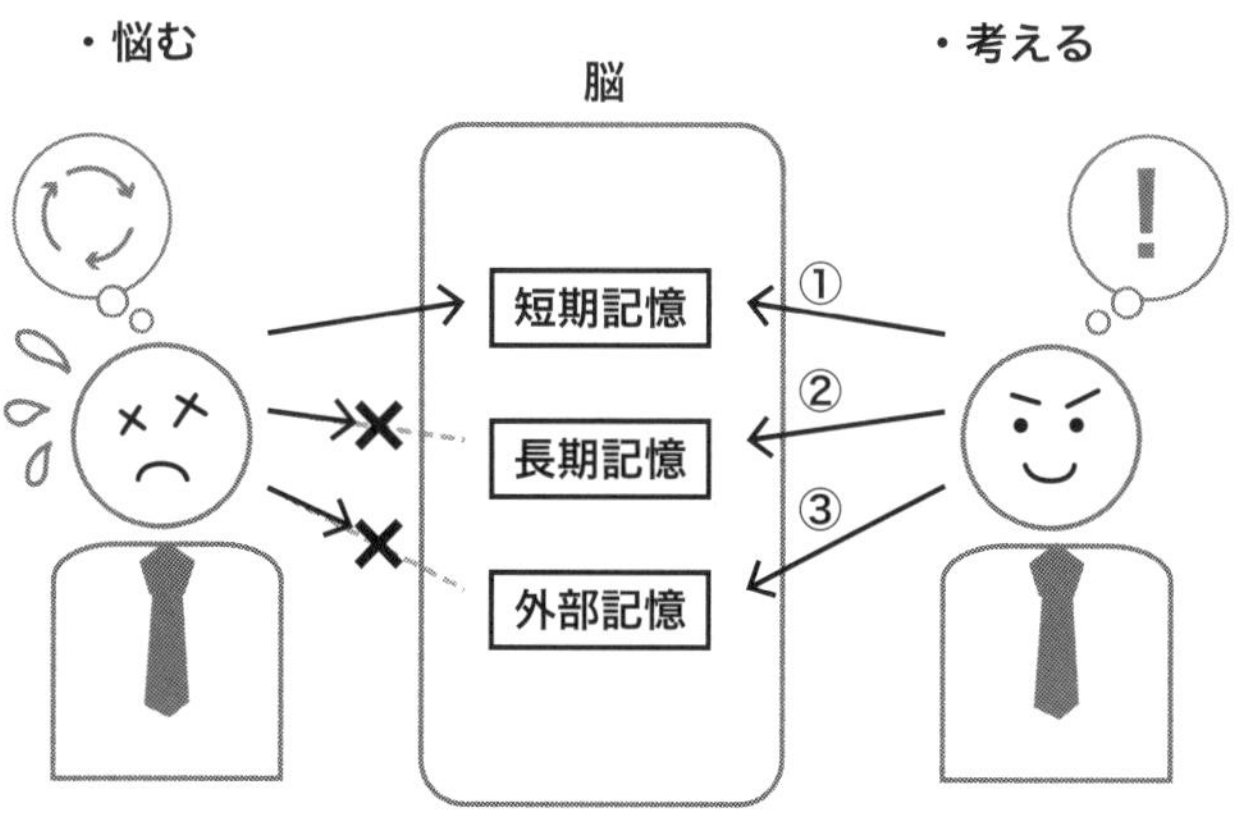

悩んでいる人は、脳の「短期記憶」にのみアクセスしている。

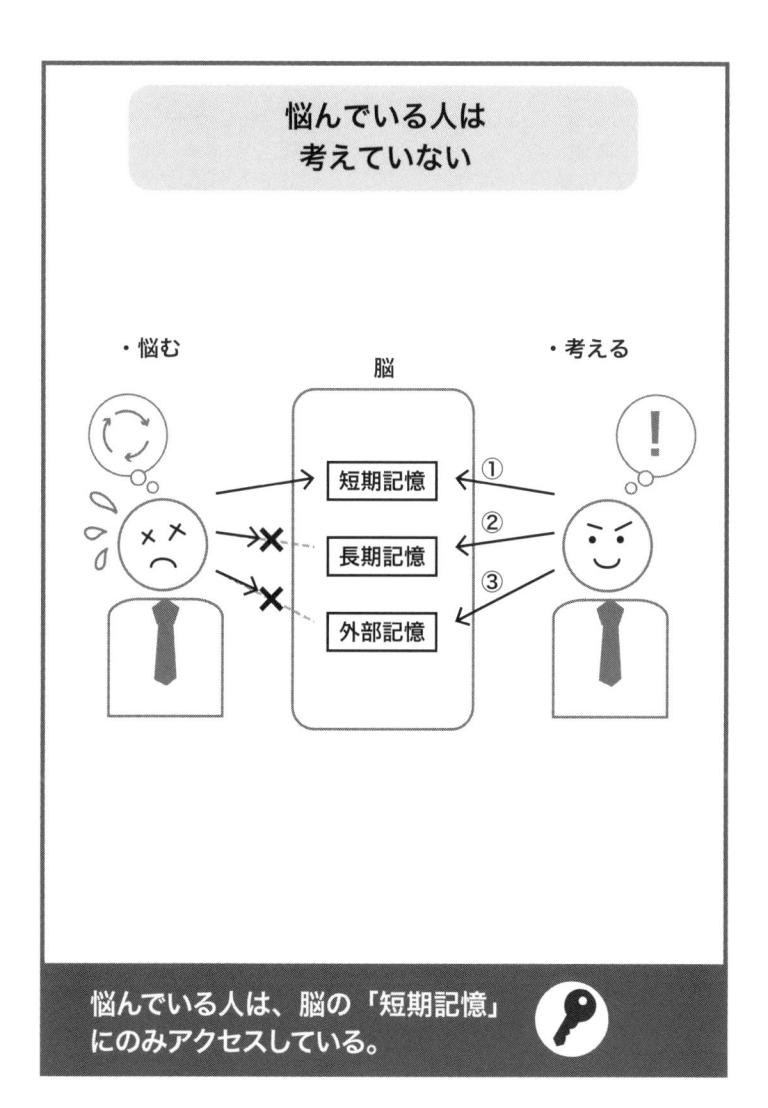

人間の脳が処理するデータの記憶装置について、簡単に解説しましょう。ここでいう記憶装置とは、前述した**「短期記憶」「長期記憶」「外部記憶」**の3つです。

普通、人が考えようとしたときは、最もアクセススピードの速い「短期記憶」にアクセスします。しかし、この領域に求めるデータが格納されていなければ、もっと脳の深い部分にある「長期記憶」にアクセスします。

たとえば、

「あなたのお母さんの名前は？」

と質問されたら、誰でも即答できます。これまで、何度も何度も脳が処理をしているので、長期記憶の中にそのデータが格納されています。一方、

「あなたの上司の下の名前は？」

と質問されたらいかがでしょうか？

「上司の下の名前？　えーっと、苗字は鈴木だったが、名前は……和久、だったかな、いや、直久だった気がする。あれ？　智久だったっけ……？」となるかもしれません。

「えーっと……」と、脳の長期記憶にアクセスしても出てこない場合は、外部記憶に頼ることになります。組織図だったり、上司の名刺を見るのです。「あ！　鈴木泰久だ。そうだそうだ。忘れてた」と、思い出すことでしょう。

つまり**「考える」**というのは、**脳の「短期記憶」になければ、「長期記憶」「外部記憶」にもアクセスすることなのです。**

それでは「悩む」というのは、どう定義すればよいのでしょうか？

おそらく悩んでいるだけの人は、データを処理しようとするのですが、アクセスするのは「短期記憶」だけで、「長期記憶」「外部記憶」にはアクセスしないのです。そのため「堂々巡り」を繰り返すことになります。

(目の前に仕事があるのはわかってるんだけど、全然、やる気が起こらない。だって給料は少ないし、仕事にもやりがいを感じないんだから。どうしてこんな会社に入ったんだろう。新年会で会った友人たちはイキイキとした表情をしていた。けれど、それに比べて自分は何をやってるんだろうと、最近思う。こんなことを考える自分って、ダメな人間なんだろうか……)

これが堂々巡りです。先述したとおり、この無限ループにはまると、だんだんと腹が立ってきます。悩めば悩むほど解決策は見つからず、イライラし、あげくの果てに自分を見失ってしまうこともあります。

さらに、「悩む」ことしかできない友人に相談したりすると大変です。堂々巡りが無限ループ化し始めます。

給料が少ないというが、本当に少ないのか？　自分の理想と比較して少ないのか、同期と比較して少ないのか？　業界平均と比較して少ないのか？

そもそも、まず自分は目の前の仕事をきっちりとやっているか？　やりがい以前に会社の求める期待にこたえているか？

新年会に来ていた友人は何人いて、そのうち何人がイキイキとしていたのか？　その原因は何か？　お酒に酔っていただけなのか、それとも今の仕事に満足しているからイキイキとしていたのか？

正しい「切り口」を見つけることで、正しい「問い」ができます。正しい「問い」があれば、スムーズに長期記憶へとアクセスできます。

この状態から脱却するために、先述したスケールテクニックはとても有効です。感覚を数値化するプロセスを続けることは、「考える習慣」を手に入れる近道だからです。

台車の「車輪」がうまく回るように、日ごろから「車輪」の手入れをしておく感覚です。

悩みがゼロになることはありえません。

しかし、脳が正しくデータ処理し続けることで、脳の基礎体力は上がっていきます。「考える習慣」が身につくことで、「悩む習慣」――つまり堂々巡りをすることも減っていきます。

出口のない無限ループにはまる

以前、コンサルティング先で、このようなことがありました。

営業組織で、「新規のお客様を開拓するためのリスト作成」を、現場の営業担当者一人ひとりにやらせてほしいと依頼しました。上司がやるのではなく、現場の若い営業担当者にやってもらうことが大切だと説明し、そのときはマネジャーの皆さんに同意していただきました。

ところが3週間経っても、そのリストはできません。それどころか、なぜかマネジャーの方が私に対して怒っているのです。

なぜこのような事態になったかというと、私からリスト作成を依頼されたマネジャーが、その後、**頭の中で「おしゃべり」を始めてしまったからです。**

(横山さんは『いったんは現場に任せればいいから』と言うけど、そういう簡単なものじゃない。今の若者は言っても聞かないいんだから。そうだ、どうやったら今どきの若者をうまく動かすことができるのだろうか、ちょっと調べてみるか……)

こんな**「脳内おしゃべり」**を繰り返したマネジャーは、**勝手に別の荷物を作り出して動き始めてしまいました。**それが「今どきの若者を動かすノウハウを手に入れる」という荷物です。

そのマネジャーは、「組織風土診断を定期的に実施している会社ほど、若者がイキイキと働き、活躍している」という話をどこかで聞いてきます。

そして総務部と連携し、「組織風土診断」を定期的にやってはどうかと提案すると、総務部も「ちょうどそういう意見が経営陣からも出ていたので、検討会議に出席してほしい」と反対に依頼を受けてしまいました。

そしてこの3週間、2時間以上もの会議を3回もやったとのこと。現場の営業たちに、「新規のお客様を開拓するためのリストを作成しろ」と一度も言わずに、です。

しかも悪いことに、このマネジャーは「脳内おしゃべり」がひどく、色々なことをやっているうちに、だんだん腹が立ってきたようです。

（そもそも、どうして私が組織風土診断の検討会議に参加しなければならなかったのか？　こんなに忙しいのに、くだらない会議に毎回出席しなくちゃいけないなんておかしすぎる……だいたい、なんでこうなったかというと、若い営業たちが私たちの言うことを素直に聞かないからだ。どういうしつけをされてきたんだ。親の顔が見たいとは、このことだ……それに、新規開拓用のお客様リストを作れと言った、あの横山というコンサルタントはどういう奴なんだ？　どんな経緯で我が社にやってきたんだ？　社長が連れてきたのか？　コンサルタントなんて肩書の奴に、ロクな人間はいないと相場が決まってるんだ……）

こんな「脳内おしゃべり」をさんざん続けてきたのでしょう。

３週間後に私の顔を見た途端、ダムが決壊したかのように、私に対して色々と難癖をつけてきました。こちらが依頼したことを何ひとつやっていないにもかかわらず、です。

このマネジャーには頼ることができないため、私が若い営業担当者を集め、「新規のお客様を開拓するためのリスト作成」を依頼してみました。すると、「わかりました」と二つ返事でＯＫしてくれるではありませんか。その後も、何を頼んでも若い営業担当者たちは素直に取り組んでくれます。

このマネジャーは「脳内おしゃべり」がひどく、不必要な会議を数多く開催しては「ムダなおしゃべり」を続けています。答えのない、堂々巡りの議論を繰り返しているのです。

考える習慣のない、悩む習慣しかない人が集まりおしゃべりを続ければ、先述したとおり、だんだんと腹が立ってくるものです。出口のない無限ループにはまったことに対する理不尽な怒りが、無意識のうちにこみ上げてくるからです。

思考ノイズが増えすぎると、ノイズがいつしか結合して、新たな「荷物」を創造し

ます。荷物ができてしまうと、どこかに運ばなければなりません。

ただでさえ、一人が抱える荷物の絶対量が増えている現代です。組織ぐるみで、必要のない荷物を増やさないようにしましょう。

マインドフルネス瞑想が世界で流行る理由

そうは言っても、気が散りやすい時代です。単なる心がけだけでは、雑念を振り払ったり、「脳内おしゃべり」を減らすことは難しいでしょう。

ですから、Ｇｏｏｇｌｅやインテル、Ｆａｃｅｂｏｏｋといった最先端の企業が「マインドフルネス瞑想」を取り入れるのです。

意識が内側にフォーカスするのを避けるために、外側に向けるようにします。無意識のうちにやっていることを、意識するように努力するのです。

これをNLP理論（Neuro Linguistic Programming：神経言語プログラミングと呼ばれる心理療法）で**「無意識的有能」の状態を「意識的有能」の状態に退行させる**と表現します。

3種類の「思考ノイズ」を切り離す

「脳内おしゃべり」は、無意識にやってしまっていることなので、思考と一体化しています。ですからこの「おしゃべり」は放置していると、思考に絡まって切り離すことができません。

切り離すためには、こちらも「タグ」付けを行います。ネームタグです。思考ノイズには名前をつけて脇に置いてしまいましょう。

思考ノイズには**「物理的ノイズ」「否定的ノイズ」「連想的ノイズ」**の3種類があります。

一番わかりやすいのが**「物理的ノイズ」**です。「雑音」「騒音」といった、聴覚的に捉えられる物理的なもののことです。周囲がうるさければ、仕事に集中しようとしても難しいでしょう。やっていることが大好きなことで、周囲の雑音など気にすることなく没頭できるのならいいですが、そうでもなければ気が散ってしまいます。

オフィス内で、誰かに話しかけられて中断を余儀なくされるケースもあります。こういったノイズも「物理的ノイズ」とカテゴライズしていいでしょう。

「せっかく集中してやってるのに、話しかけるなよ……」

と愚痴りたくなる場合は、誰でもありますよね。

一方**「否定的ノイズ」**は、やり切らなければならない目の前の仕事に対する否定的感情が言語化されたものです。

「どうしてこんな仕事を私は任されなくちゃいけないの？」

「この仕事って本当にやる必要があるのかな？　やらなくても課長は怒らないかもしれないな……」

3種類の思考ノイズ

①物理的ノイズ

・雑音や騒音。聴覚的に捉えられる物理的なもの
・誰かに話しかけられて、作業を中断する……といったケースも

②否定的ノイズ

・やり切らなければならない目の前の仕事に対する否定的な感情が言語化されたもの
・「どうしてこんな仕事をやる必要があるのか？」といった、処理対象となる情報以外の不要な情報

③連想的ノイズ

・仕事中に知った情報からあれこれ空想したり連想を始めて生み出されるもの
・必ず出てくるフレーズは「そういえば」

仕事中にノイズが生まれると作業が中断される。

まさにこういったノイズは「処理対象となる情報以外の不要な情報」と言っていいでしょう。

仕事をやり切るために、処理しなければならない情報があります。

しかし、ひとたびこういった否定的ノイズが脳内で乱反射したら、脳をうまく働かせることができません。手が止まってしまいます。

最悪の場合、

「やーめた。だってこんな仕事、意味ないもん」

「なんか気が乗らない。本当にこの仕事をやるべきかどうか、誰かに相談しよう」

などと身勝手に意思決定してしまうのです。やり切らずに別のことを始めてしまいます。

最後の**「連想的ノイズ」**は、仕事をしている最中に出合った情報から、あれこれ空想をしたり、連想を始めたりして生み出される不必要な情報《ノイズ》です。

たとえば来週訪問するお客様に向けた提案資料を作っていたとします。ところが、資料を作っている最中に、連想をスタートさせてしまうのです。この「連想的ノイズ」が生み出されるときに必ず出てくるフレーズは、「そういえば」です。

「そういえば、来週訪問するお客様の業界は何だっけ？」

こんな感じです。頭の中でおしゃべりをする癖がある人は気をつけましょう。

「そういえば、来週訪問するお客様の業界は何だっけ？　建設業界だった気がする。いや、住宅メーカーかな。それとも賃貸用のアパートを扱っている会社だったっけ？」

仕事をしている最中に連想的ノイズが生まれると、中断を余儀なくされます。上の空になっていくからです。問題を深刻化させるのがインターネットの存在です。

「そういえば、来週訪問するお客様の業界は何だっけ？」と、自分の脳の長期記憶に問い合わせ、答えが見つかればいいですし、見つからなくても、ネットにつながらない環境にいるのなら、「まあ、いいか」「また後で誰かに聞いてみよう」と諦め、目の前の仕事に意識を戻すことができます。

ところが、今はパソコンもスマホも、常時ネットワークにつながっています。調べようと思えば調べられる環境を手にしています。もしも、いったん目の前のやるべきことを放置し、別のことをやり始めたらどうなるでしょうか。

「そういえば、来週訪問するお客様の業界は何だっけ？　建設業界だった気がする。いや、住宅メーカーかな。それとも賃貸用のアパートを扱っている会社だったっけ？ちょっと調べてみるか」

などとインターネットで検索を始めたら、なかなか目の前の仕事に意識を戻すことは難しいでしょう。

気が散りやすい人、集中力をなかなか持続できない人には、現代のネットワーク社会はその気の散りやすさ、集中力の持続の困難さに拍車をかけることになってしまっているように思います。

思考ノイズに「タグ」を付ける

たとえば、資料作成している間に、

「そういえば、あの商談どうなったのだろう？　田中くんに状況を聞いてみたい」

と無意識に考え始めたとします。ディスプレイに向かい、パソコンの操作に意識を向けていたのにもかかわらず、内側に意識をフォーカスしてしまった瞬間です。すぐさまこの思考ノイズにタグを付けます。

「これは連想的ノイズだ」と。

そうでないと、このノイズが別のノイズといつしか結合して、新たなノイズを生み出す可能性があるからです。

「そういえば、あの商談どうなったのだろう？　田中くんに状況を聞いてみたい。前からあの商談、とても気になってたから……ああ、そういえば、田中くんって、最近なんか仕事に対する情熱がなくなってきた気がする。前はそんなことなかったのに……今度声をかけてみようかな。いや、声をかけても、何を言われるかわからない。最近なんかよそよそしいし。そういえば、この資料作成だって本来なら田中くんがやるべきだったはずで、代わりに私がやるはめになったんじゃ……ああ、何だかイライラしてきた」

「そういえば、そういえば、そういえば……」を繰り返して空想に耽《ふけ》っていると、どんどんノイズが大きくなっていき、否定的ノイズまで誘発し始めます。

あげくの果てに、

「なんか、このままじゃあ、よくない気がする。田中くんのこと、部長に相談してみようかな」

などと決断したら、もう取り返しがつきません。突如として別の「荷物」が登場することによって、その荷物を台車に載せ、押さなければならなくなるのですから。

ですから、よほど重要なことでない限り、「物理的ノイズ」「否定的ノイズ」「連想的ノイズ」……などとタグを付けるだけにします。単なる「ノイズ」というタグでも、構いません。

そしてタグを付けたら、このノイズを、すぐさま他の場所へよけておきます。今は目の前にある荷物、今回の例であれば「資料作成」というタスクを運ばなければならないからです。

荷物の世界地図がきちんとできあがっていれば、後から突如として現れる荷物があったとしても、脇に置いておくことができるはずです。よほど重要なタスクでない限り、この世界地図には加えません。

ここは冷静に判断しましょう。

このあと5章で触れますが、ブレない軸を持つことが重要です。

「脳内おしゃべり」が発展して、新たな荷物が頭の中に浮かび上がっても、クールに、軽々と脇に置きましょう。脇に置くだけでいいのです。**メモに書いて「見える化」する必要はありません。**

ノイズが少ない「時間帯」を選ぶ

作業をしているうちに、「やっぱりやりたくない」「面倒くさい」「本当にこの仕事、必要なのかな」……などと、脳内でグダグダ考えていると摩擦抵抗がひどくなっていきます。これら「否定的ノイズ」をカットするために、私がおすすめするのは**「時間帯」を選ぶこと**です。

私がおすすめするのは「早朝」、反対に絶対におすすめしないのが「夜」です。「深夜」など、もってのほか。

夜はその日に味わった雑念、雑感、雑音……あらゆる思考ノイズが脳内で乱反射して、うまく集中できなくなっている可能性が高いのです。

突然やってきた仕事の締め切りが夜の10時だった、という緊急のケースならともかく、そうでないなら早く寝て、その分早めに起きて仕事に取りかかるほうが効率的です。

寝ている間にノイズは頭の中に沈殿して、心の摩擦抵抗はかなり減っていることでしょう。

それに早朝であれば「物理的ノイズ」もほとんどありません。これはとても重要な要素です。

ノイズが少ない「場所」を選ぶ

外部から侵入してくる**「物理的ノイズ」をカットするためには「場所」を選ぶことも重要です。**「1時間集中したい」と考えたら、誰かに話しかけられて中断を余儀なくされるオフィスより、一人で会議室にこもるほうが得策かもしれません。

カフェで仕事をしていると隣の人の声が気になるかもしれませんから、音楽を聴きながら集中するとか、誰もいない空間を見つけるとか、対策を取ったほうがよいでしょう。

「手法」についても言及します。最も気をつけたいのは「ネット対策」。パソコンなどで作業する場合は、**やり切るまで、ネットワークを遮断することを強くおすすめします。**日中であれば、携帯電話やスマホの電源を切ることも忘れずに。**世界地図を作るのに「紙のメモ」をおすすめするのは、ノイズキャンセルするためです。**

3時間や4時間も集中しなければ完遂できない仕事であっても、何らかの連絡が入ってくるかもしれないという緊急のケースを除いてシャットアウトします。

私の場合、早朝4時半ぐらいに起きて、コラムやメルマガの執筆をします。脳内のノイズもほとんどありませんし、外部から侵入してくるノイズもありません。携帯電話の電源を入れても入れなくても関係がない。こんな時間に連絡が入ることはないからです。気をつけているのはパソコンのネット接続だけ。

ある程度、原稿ができている状態なら、必ず印刷し、紙の上で推敲するよう、いつも私は心がけています。

「今すぐやる人」になるためには、「絶対にやるんだ！」という強い意志も必要でしょうが、それ以外にノイジーな時代独特の対策も必要だと考えています。

モチベーションという名のノイズ

「モチベーション」もまた、ノイズのひとつと言えるでしょう。

「モチベーションを上げるにはどうすればいいのかわからない」

「『やらされ感』を覚えず、モチベーションをアップさせるには、どのような『動機付け』が必要なのか。そこを知りたい」

私はコンサルタントをするかたわら、年間１５０回以上の講演やセミナーをこなし、年間５０００名以上の経営者やマネジャーの方々に話をしています。その際、受講者にアンケートを取り、悩みを伺うと、ダントツに多いのがモチベーション関係です。

今、この本を読んでいるあなたも、

「同期がまた辞めた。こんな会社にいてもモチベーションが上がらない」

「この目標は高すぎる。無理な目標を与えられても、モチベーションがダウンするばかりだ」

このようなことを思ったことはありませんか。

モチベーションに関する正しい知識

意外と知られていない事実があります。それは「モチベーション」**という言葉が頻**

繁に日本のメディアに登場し始めたのは、2001年以降という事実です。

世間で使われるようになって比較的新しい言葉なのです。つまり、それ以前は「モチベーションが上がらないから仕事に身が入らない」などという表現はあまりされなかったのです。

このような流行語は誤解されやすいので、その定義をわかりやすく表現したほうがよいでしょう。

そもそもモチベーションとは何でしょうか？　辞書を引くと、「人間が目標達成に向けて行動するための心の動き、やる気、意欲、動機付け」などと書かれています。これではわかりにくいので、次のように表現すれば理解しやすくなるでしょう。


「モチベーションとは、あたりまえのことを、あたりまえにやり、それ以上の行動をするために必要な心の動き、意欲、動機付けである」

「朝9時に出勤する」「お客様と約束した11時に訪問する」「1時間で20個の組み付け作業をする」「夕方6時までに品物を納品する」といった事柄が、もし「あたりまえ」

になっているのであれば、当然のことながら「モチベーション」は関係がありません。

朝の出勤時刻が決まっているとします。その時刻までに逆算して身支度をし、電車の時刻を調べて乗り、会社へ出かけるのに「モチベーション」は必要ありません。

前夜に飲みすぎて、多少頭が痛くても、普通に家を出て出勤しようとします。

「意欲」や「やる気」「動機付け」など一切、必要ありません。なぜなら、それらは「習慣」になっている「あたりまえ」のことだからです。

そもそも「心の動き」や「感情」によってできるとかできないとかが左右される領域のことではないと、潜在意識の中で認識しているからです。

このように、毎日の生活や仕事の中で**「あたりまえ」だと認識していること、習慣化していることは「モチベーション」や「やる気」に左右されない**ことがわかります。

ということは、もし、あなたがホテルのポーターなら、目の前にある荷物を運ぶのはあたりまえではないでしょうか？

あなたがポーターであれば、モチベーションに左右されずに、軽々と荷物を運ぶはずです。そう考えると軽い気持ちになりますよね。

「そうは言っても、私はホテルに勤めてもいないし、ましてやポーターでもない」と言い張る人もいるかもしれませんが、**ここまで読んで、この言い分が出てきたら、それは「ノイズ」以外の何物でもありません。**

第4章

押す力を鍛える「レジリエンス」

台車を押す力はあるか？

これまでの第2、3章で、荷物を軽くし、路面を平坦にする方法を紹介してきました。荷物が軽くなり、路面が平坦であれば、**あとは台車を押すだけです。**

しかし、押すだけと言っても、押すには多少なりともストレスがかかります。それに、どんなに軽くしようとしても、限界はあります。

それなりの重さがあれば、それなりの押す力は必要です。平らな路面を選ぼうとしても、そんな道がなければがんばって押すしかありません。

筋力がゼロであれば、何も入っていない段ボール箱を運搬することさえできないでしょう。手を使わず、息を吹きかけても、台車は動いてくれません。

できるかぎり荷物を軽くし、摩擦抵抗の少ない路面を選んだら、あとは押すだけ。最後は精神論です。**つまり気合と根性で、「えいや！」と押すのです。**

いったん台車が動き始めたら、あとは慣性の法則が働くため、軽々と動き始めます。

ここで気をつけなくてはならないのは、一度止まると、再び台車を動かすのに力をかけなければならないということです。

できれば止まることなく、目的地まで一気に運びたいですね。つまりスケールテクニックを使って「30分かかる作業」だと推測したら、30分を確保して一気にその作業をやり切ってしまう、ということです。

次に、台車を押す力を鍛えるための具体的な方法をお伝えします。

「レジリエンス」を鍛える

では、台車を押すために必要な筋力をどのように身につけたらよいのでしょうか。

また、この力はどのように鍛えられるのでしょうか。

昨今、「レジリエンス」という言葉が取り沙汰されています。

「折れない力」「逆境をはね返す力」「精神的回復力」「抵抗力」「耐久力」……などという意味のようです。「レジリエンス」とは、もともと「ストレス」と同じく物理学用語が起源であったようです。
「レジリエンス」という表現を、**「ストレス耐性」**という言葉に置き換えてみます。そしてこのストレスに対する耐性を鍛えることで「レジリエンス」が身につくと考えてみましょう。

ストレス耐性は、人によって個人差があり、その度合いは異なるものです。すべての人が同じではありません。しかし、幼い頃からほんのわずかストレスでさえ耐えられない、という人はきわめて稀でしょう。
小さなストレスを少しずつかけていくことによって、ストレスに耐え得る抗体を作っていくわけですから、ちょっとしたストレスに臆病になっていては、耐性がどんどん落ちていきます。

暑い日に、ずっとクーラーのきいた室内に閉じこもってばかりいると、体のストレス耐性はアップしていきません。15分でも30分でも外へ出て散歩したり、体を動かすことによって体は鍛えられていきます。

体も脳も同じ、ストレスをかけ、意図的に修復させることで、回復能力を身につけていくものです。

そして、ある程度のレジリエンスがあることで、「押す力」が鍛えられることになります。

「勢い」をつける3つの条件

「えいや！」と、台車を押すためには、体の中に何らかの「爆発力」が必要なときもあります。いわゆる「勢い」のようなものです。

爆発とは、ある条件下において瞬間的に燃焼することです。「爆発」をイメージしやすいのが「エンジン」。ガソリンなどの燃料が燃焼してピストンを押し、その勢いでタイヤに動力を伝える役割を担っています。

ここでのポイントは**「シリンダー」**と言えるでしょう。シリンダーは爆発を受け止めるための燃焼室。シリンダーそのものが強固であるからこそ、タイヤにパワーが伝わります。しかし、もしシリンダーが脆弱であったら、どうでしょう。

燃料が爆発したあと、エンジンが壊れるだけで動力がタイヤに伝わることはありません。ビジネスにおいて、爆発だけするのであれば意味がないのです。

たまに、やたらと燃えている人がいます。誰かの影響なのか、体の中の燃料が点火し、爆発したのでしょう。しかし単に爆発しているだけで、いっこうに前へ進まない人もいます。「やる気はある」「燃えている」にもかかわらず、全然新しい行動を起こすことができない。何もスタートさせることができない人です。

こういう人は、逃げ場を作っている人です。心の中で燃えるものがあっても、逃げ場があるので正しく動力が伝わらないのです。

そういうときは、自分をシリンダーに入れてしまえばいいのです。**堅牢な燃焼室に入ることで、逃げ場をなくすのです。**

逃げ場をなくし、どうにもならないほどに追い込まれたら、もう行動するしかありません。体の内側で爆発しているわけですから、どこかにその動力は確実に伝わります。

逃げ場をなくす３つの方法

逃げ場をなくすための制限は3種類あります。

1. 時間的制限
2. 空間的制限
3. ネットワーク的制限

決められた時間の中で、決められた空間の中で、ネットワークのつながらない中で仕事をする。この条件のそろった環境が、爆発力を発揮するためのシリンダー的存在になるはずです。

出入り自由な場所で、自由な時間に、ネットワークもつなぎ放題で仕事をしていたら、とても「爆発力」など発揮できません。そんな場所で集中して、圧倒的な仕事量をこなそうとするなら、それこそ本人の意欲に頼るしかありません。テクニックもノウハウもない。「意識を集中してがんばってやれ」というアドバイスしかなくなってしまいます。

前述した3つの制限をかけていきましょう。逃げ場をなくすのです。自由な働き方に注目が集まる昨今、それとは逆行した発想で自分を追い込んでみましょう。

ゾーンに入る

次は、台車を押す力を鍛えるために、何度も味わうであろう**「ゾーンに入る」**感覚について、解説します。

極端に追い込まれたり、プレッシャーを感じるとき、人間はフロー状態（我を忘れて何かに没頭している状態）になります。この現象を俗に「ゾーンに入る」と呼びます。

さて「ゾーンに入る」とは、どういう状態のことでしょうか？

- **きわめて高い集中力を発揮している「研ぎ澄まされている感覚」を味わう**
- **時間が止まったかのような「時間感覚」の歪みを覚える**
- **陶酔状態に陥り、恍惚感、多幸感を抱く**
- **痛みや苦しみ、ストレスから解放され、感情のコントロールができる**
- **きわめて短い時間の中で適切な判断ができる**

それではなぜ、このような心理現象を味わうのでしょうか？

- **神経伝達物質「エンドルフィン」が分泌され、ストレスの鎮静作用が働く**
- **脳の「回転数」が極限までアップすることで、「心理的時間」が異常に長くなる**

自分に強烈なプレッシャーをかけることで脳のブースターが働き、極限まで集中することができるのです。

「あと1時間で5枚の見積もり資料を作成しなければならない」
「あと8分で駅に着かないと、電車に間に合わない」
「あと2日で24件、新規のお客様を回らないといけない」

……などなど、スポーツの世界だけでなく、ビジネスの現場においても、追い込まれることで「ゾーンに入る」ことができます。

それこそ「マインドフルネス」の状態です。

「脳内おしゃべり」によって浮かび上がっては消える思考ノイズにタグ付けし、いちいち脇に置いておくことができない人は、短時間で「超多忙状態」を作り、頭の中のノイズを遠心分離器にかける要領で吹き飛ばしてしまいましょう。

ゾーンに入ると、邪念がなく、澄み渡って落ち着いた心の状態になります。

強い幸福感さえ覚えます。これは、脳内神経伝達物質「エンドルフィン」が分泌されることによる影響です。恍惚感、多幸感を一時的に味わうのです。

理不尽なプレッシャーはいけませんが、スケールテクニックを使い、自ら時間的制約を作ったら、逃げることなく、やり切るのです。

「ゾーンに入る」ことで、脳の基礎体力が上がっていきます。すると、ストレス耐性がアップし、心の免疫力がついていきます。

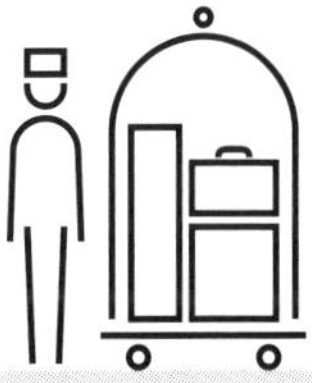

第5章

「軽く扱われない人」になる

現代は「すぐやらない」ほうがいいときも多い

これまでずっと、「今すぐやる人」になる方法として、台車理論を紹介してきました。「すぐやることができる」ということは、仕事をするうえで最低限身につける必要がある基本のスキルです。

ここでは、「すぐやる」という基本ができるようになったあなたに、これまでの応用編として、**あえて、すぐやらないことも必要である**ということをお伝えしたいと思います。

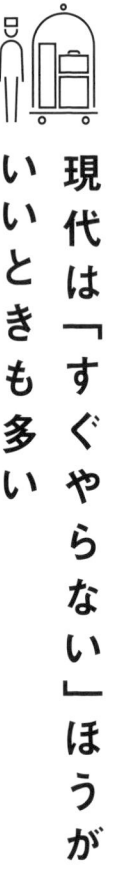

必ずしも「すぐやってはいけない」理由。**それはずばり、他人から軽く扱われてしまうことがあるからです。**

他の人なら断られることでも、あの人ならちょっと頼んだだけですぐに引き受けてくれる。何も考えずに「今すぐやる」癖があると、残念ですが、他人からそのように思われてしまうことがあります。

他人から軽く扱われること、他人の都合で「振り回されている」ようになるのは、誰でも歓迎しないことでしょう。

荷物をたくさん抱えているのに、そんなことも知らず、どんどん荷物を渡してくる人がまわりにいたらどう思いますか？

色々とやることがあるのに、「ちょっと手伝ってくれるかな？」と言ってくる上司、「今日、早く帰って来られないの？」と言ってくる妻、「どうせ職場でそんなにやることないんだろ？」と言ってくる夫……。

他人からそのように思われていると感じたら、誰でもイライラするものです。要するに「バカにされている」「なめられている」「関心を寄せられていない」という意味だと思うからです。

また、**「軽く扱われている」ということは「簡単に動かされている」と言い換えることもできるでしょう。**

危険なカチッサー効果

この状態を放っておくと、要求はどんどんエスカレートしていきます。**「刺激馴《じゅん》化」**という現象です。要求する側の「要求ストレス」の耐性がアップしていき、要求のレベルが引き上げられていきます。

さらに問題なのは、断ると「逆ギレ」されることです。相手は「簡単に動かすことができる」と思い込んでいるため、

「今回は、ちょっと難しい」

などと断ったりすると、

「は？　そんなこと言わないでやってくれよ！」

と強い態度に出られることもあります。非常に理不尽な態度で言われるため、軽く

扱われている度合いはますます膨れ上がり、イライラも募ってくることでしょう。

「カチッサー効果」という言葉があります。他人のある要求に対し、深く考えることなしに、条件反射的に承諾してしまう心理現象のことです。

「ちょっと忙しいので手伝ってくれる？」

と言われ、条件反射的に「いいよ」と返事をしてしまうのはまさに「カチッサー効果」です。よくよく考えてみると、自分のほうが忙しい場合もありますし、相手が怠けたいがために都合よくお願いをしてきている場合もあるかもしれません。

しかし、「いいよ」と言ってしまってから、

「やっぱり無理。5時までにどうしても、この仕事を片付けないといけないから」

などとは反論できないものです。しぶしぶ相手の要求を飲むことになります。そして「どうして引き受けてしまったんだろう」と自己嫌悪に陥り、これがまた「否定的ノイズ」を生み出すのです。

それでは、どうすれば他人から軽く扱われないようになるのか？　振り回されないようになるのか？

大切なことは、自分の荷物を相手に見せることです。

自分自身の荷物を見える化できていないと、意外と簡単に引き受けてしまうものです。しかし、たとえば目の前に7枚のメモがあり、そこに時間が書かれてあったら、衝動的に引き受けることも減ることでしょう。

自分が運ばなければならない荷物がこれだけあると、「世界地図」を直接相手に見せてもいいでしょう。そうすると相手も考えます。

一番の問題は、自分の荷物がどれだけあるのかが相手の目に入っていないことです。

自己防衛するためにも、常に荷物を見える化しておきましょう。

他人に「軽く扱われない、振り回されない」ための自己管理術

他人から振り回されないようにするためには、1日、1週間、1ヶ月……の単位で定期的に荷物の世界地図を作り、スケールテクニックを使い、タグ付けをすることです。

同じ「見積もり資料を作る」というタスクでも、

①今週中に見積もり資料を作る

②木曜日の昼3時から5時までの2時間を使って見積もり資料を作る

この両者では、意味合いがかなり異なってきます。

木曜日になり、午前中に上司から「午後から手伝ってもらいたい仕事があるから頼むな」と言われたとしても、ぼんやりと「今週中に見積もりを作らないといけない」と思っている人なら「いいですよ」と条件反射で答えてしまうかもしれません。いわゆる「カチッサー効果」です。

しかし「木曜日の昼3時から5時までの2時間を使って見積もり資料を作る」とタスク管理している人なら、少し考えるはずです。そして「3時から5時までの2時間を使って見積もり資料を作る予定です。それ以外の時間ならかまいませんが」

と答えることでしょう。それを聞いた上司は「それならいいや」と返事をするか、「だったら3時まで手伝ってくれないか」と言い直すはずです。

自分を律し、正しく「やるべきことの管理」をしていると他人から見られたら、「軽く扱える」「簡単に動かせる」とは思われないでしょう。

きっちりと地面に根を張っている人、自己マネジメントをしっかりやっている人は、他人から軽く扱われたり、振り回されたりしないものです。

「今すぐやる」ということは素晴らしいことですが、残念ながら、相手と場合によっては都合よく利用される危険性があるということを知っておきましょう。

すぐやらないほうがいい 2つめの理由「LIFO思考」とは？

「後入れ先出し」という言葉をご存知でしょうか。

物事の処理手順をあらわした**後入先出法**とは、後に取得したものから先に処理する方法のことです。英語での表記は**ＬＩＦＯ**（Last In, First Out）です。反対に、**先入先出法、ＦＩＦＯ**（First In, First Out）とは、先に取得したものから先に処理する方法です。

「後入れ先出し」で行動してしまう人がいます。**後から頼まれた荷物を優先的に運ぶ癖のある人です。**こういう人は、その作業を「今すぐやる」必要があるかどうか、よく考えてもらいたいと思います。

たとえばお客様から「Ａ」という荷物を預かったとします。この「Ａ」の荷物が1回で運ぶことができるのであれば、問題はありません。しかし3つに小分けしないと運べない場合は、「Ａ－1」「Ａ－2」「Ａ－3」という3つの荷物に分解されます。

ところが「Ａ－1」の荷物を運んだあとに、他のお客様から「Ｂ」の荷物を運んでくれと言われました。普通の感覚であれば、「Ａ」の荷物をすべて運び終わってから「Ｂ」の荷物運搬をスタートさせることでしょう。これが先入れ先出し（ＦＩＦＯ）の思考です。

しかし「Ａ－2」「Ａ－3」の運搬が終わってもいないのに「Ｂ」の荷物を運び始

めたらどうでしょうか。「B」の荷物を運び終わったあと、さらに別のお客様から「C」の荷物運搬を頼まれ、それを「C－1」「C－2」「C－3」「C－4」と4つに分解し、「C－1」を運び始めたらどうなるでしょうか。

さらに、それが終わったあと、今度また別のお客様から「D」の荷物運搬を頼まれ、それが「D－1」「D－2」の2つに小分けされ、「D－1」だけを運ぶ……となると、めちゃくちゃになります。

これが後入れ先出し（LIFO）する人の思考手順です。お客様からの荷物運搬の依頼が止まらないかぎり、いつまで経っても、「A－2」「A－3」「C－2」「C－3」「C－4」「D－2」の運搬が終わりません。

LIFO思考の人に、次から次へと仕事が舞い込んでくると大変なことになります。**仕事をどんどん処理している割には、いっこうに片付いていかないのです。**これは、いわゆる「段取り」のつけ方に問題があるということです。

「今すぐやる」ことはとても重要です。しかし複数のタスクが積み上がってひとつの

「後入れ先出し」グセがあると いつまでも仕事が終わらない

複数の仕事を同時に行うときは「すぐやること」と「すぐやらないこと」の段取りが重要。

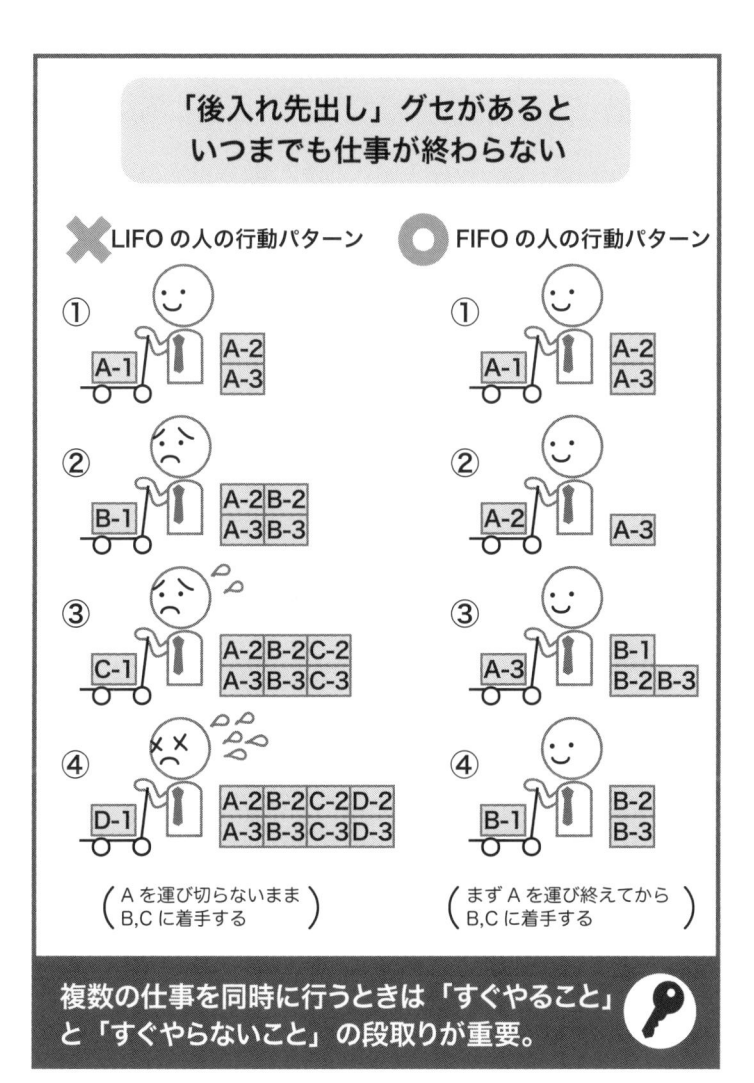

プロジェクトを構成している場合、手順を正しく吟味しないといけません。

特にマネジメントを任された人がＬＩＦＯ思考ですと、組織の仕事が回っていかなくなります。管理職の方はもちろん、それからリーダーになる若い方も、今のうちから気をつけたいものです。

絶対ブレない軸の作り方

最後に、どうも他人に振り回されやすいというあなたに、ブレない軸を持つ大切さをお伝えします。せっかくすぐやる人になっても、この軸がブレてしまうといつも他人の都合で動くはめになってしまうため、自分のタイミングで台車を押すことができなくなります。

「軸」とは、自分の中にある「信念」であったり「ポリシー」であったり「判断基準」のようなものを指します。

いったん自分で「軸」を決めたのであれば、「世界地図」にないことは、誰に頼まれようが基本的に断ります。

このような対応を、「不条理」「冷酷」と受け止める人もいるでしょうが、これが「ブレない軸」というものです。

「**なんだかんだ言って**、あいつは折れてくれる」「**なんだかんだ言って**、あの人はやってくれる」というレッテルを貼られている人は、決して「ブレない軸」を持っているなどとは言われません。

「あの人がやる、と言ったら絶対にやる。やらない、と言ったら絶対にやらない。あの人はそういう人だ」

このような人が「ブレない軸」を持っている人です。ですから「冷徹さ」「不条理さ」とは隣り合わせなのです。

自分の仕事をすぐやるためには、他人の仕事はすぐやらないのです。

ルーティーンを崩さない

　次々とやってくる「荷物」を正しく効率よく運搬していくためには、**自分で決めたルールを必ず守ることです**。そのルールに則って仕事をルーティン化することが、一番ストレスなく、何事も軽々とやり切ることができるのです。

　冒頭に書いた通り、私はコンサルティング業の他、セミナーや講演、メルマガやコラムの執筆、動画の撮影・配信などをしながらも、必ず毎月１００キロは走っています。

　多くの人に、

「よくあれだけのことをやりながら、毎月１００キロも走れますね。どこにそんな時間があるんですか？」

と言われます。

　しかし、１００キロ走って体力をつけないと、大量の仕事をこなすことができないという側面もあるのです。

　数年前に、忙しすぎて30キロしか走ることができなかった月がありました。ところが、そのせいで体調管理がうまくいかず、精神的にも余裕がなくなり、次第に何もかもが中途半端になり、色々なことがうまく回らなくなりました。

この状態を解消するために、私は無理やりにでもスケジュールを空けて走る時間を確保しました。すると、うまく回っていなかったことが、うまく回るようになっていったのです。

知的障がい者のボランティアもそうですし、映画鑑賞もそうです。妻とは3ヶ月に1回は「京都旅行」へ日帰りで行くと約束しています。どんなに忙しくとも、無理やりにでもこのようなスケジュールを入れることで、生活のリズムができあがります。

「週末に講演をしてもらいたい。2時間で100万円支払う」

と言われても、その日がボランティア活動の日であれば、交渉して他の日にしていただきます。

「二次会に行きませんか？」

とお客様に誘われても、

「明朝、走るので、今日は10時半までには寝たいのです。申し訳ありません」

と笑顔で断ります。迷う素振りは絶対に見せません。

私のお客様はすべて知っています。

「横山さんは飲み会に来るけれど、夜9時ぐらいには絶対に帰る。どんなに二次会に誘っても来ない。あの人はそういう人だ」と。

断ったからといって、お客様との関係にはまったく影響ありません。

このルーティンを絶対に崩さないのです。ルーティンを崩してまで相手に合わせないと、目的が果たせないことはめったにありません。もちろん、普段の仕事をきちんとしているのであれば、です。

「すぐやる」だけでなく、成果も出すためには、ブレない軸を持つことは重要です。これがブレない軸を持ちながらすぐやること、つまり**「まっすぐやる」という状態です。**

「まっすぐやる」ことについては、詳しくは次の章で紹介します。

「ブレない軸」を持つべきだ、とは書きましたが、もちろん柔軟性は必要です。「ぶれない軸を持っている人」と「融通の利かない人」とは異なりますから。

あなたがいつも他人の顔色を窺《うかが》っていたり、まわりの環境に左右されやすいようでしたら、この「まっすぐやる」ことをぜひ試していただきたいと思います。

第6章

やりたいことをまっすぐやる！「台車管理」

あなたに「すぐやる人」になってほしい本当の理由

世の中には、「今すぐやる」テクニックを記した膨大な数の書籍があります。またネット上でも、行動力を高め、スピードを速くして効率よく働く仕事術が、あふれるように公開されています。

しかし、「今すぐやる」というこの単純な技術が、職場における根本的な問題を解決するかというとそうではありませんし、それだけで生活が豊かになるかというと、現代のライフスタイルは、そのように単純でもありません。

何しろ、**ただ「今すぐやる」だけでは「やるべきこと」を片付けるだけの「処理マシーン」のようになっていきます。**

放っておくと、自分が「やりたいこと」にいつまで経っても着手できない、**単なる「仕事中毒」の人になっていくのです。**

とはいえ、何事も「今すぐやる」という習慣がなければ、次のステージへステップアップできないことは事実です。この習慣は「土台」のようなものであり、「基礎」のように尊いもの。「今すぐやる」習慣を身につけることを軽視してはなりません。

たまに、

「今すぐやるのも大事だけど、考えてやることはもっと大事だよね」

と言う人がいます。

確かにそのとおりなのですが、もし私のコンサルティング先の従業員の中にこう仰る方がいれば、私は「すぐやらないと処理できないほどの大量の仕事」を与えてみます。

この方が「いつだってすぐやることはできるが、考えずにすぐやるのはよくないと言っている」のか、それとも、**自分にすぐやる習慣がないので、言い訳するためにすぐやるのは良くない、と言っているのかを見極めるためです。**

「ホームランを打とうと思えば打てるが、あの場面ではあえてヒットを狙った」という人と、「ホームランを打とうと思っても打てないので、ヒットを狙った」という人とは違うのです。

「基礎」ができていない人、「習慣」がない人は、すぐに言い訳をします。

言い訳をする習慣がある人は、当然のことながら「考える習慣」も持ち合わせていません。

「もうすぐやる、もうすぐやる」と言いながら「今すぐやる習慣」がない人は、まず「台車理論」を使って習慣化させるのです。そのプロセスは避けて通れません。

そして、**大切なことはあくまで「今すぐやる」ことそのものではなく、その次です。「やるべきこと」だけでなく、「やりたいこと」をやるためには、「今すぐやる習慣」だけでは、その願望は実現しません。**

この章では、いよいよ「台車理論」を応用し、「今すぐやる人」から「まっすぐやる人」へとバージョンアップする方法を考えていきます。

台車理論を応用すると ここまでできる！

脳の短期記憶だけにアクセスしていると、今日やるべきことや今週やるべきことなど、比較的最近のことぐらいしか出てきません。

したがって、脳の長期記憶にアクセスして、目先のことだけでなく、もっと自分の将来を見据えたうえで「やるべきこと」「やりたいこと」をメモに書き出していきます。月初、まとまった時間を作って、5年後、10年後に「やるべきこと」「やりたいこと」は何だろうかと考えてみるのです。

しかし、多くの人はここで戸惑います。

自分の未来について考えようと思っても、慣れていないとうまく出てこないからです。

「5年後にやるべきこと？　そんなこと考えろと言われても……」

「10年後にやりたいこと？　別に、これといって、やりたいことなんてないけど」

日頃から短期記憶しか利用していない人は、脳の長期記憶にアクセスする習慣がないため、すぐに諦めてしまいます。これは、目先の仕事に振り回され続けている証拠。**思考が「近視眼的」になっているのです。**

もともと生まれながらにして「近視眼的」な思考しか持ち合わせていない人などいません。幼い頃は、もっと将来の夢を思い描いたはずです。

近くのものを見たり、遠くのものを見たりを繰り返すことで、衰えた視力は回復していきます。中長期的な視点で、自分の将来に焦点を合わせづらくなった人は、無理やりにでも、少し遠い未来のものを見つめる機会を作りましょう。

漠然としていてもかまいません。

「5年後は、32歳になっている。1歳の子どもは6歳になっている。その頃の自分はどれぐらいのレベルの仕事をこなしているだろうか」

「いつかは自分で料理教室を起ち上げると誓ったのに、ずるずると毎日を過ごしてしまっている。よし！　3年後には必ず、自分で料理教室を持とう」

「妻と約束した。5年以内にマイホームを建てたい」

少し考えただけでは出てきません。ノイズキャンセルし、冷静になって、思い出してみましょう。忘れかけていた自分の夢や、将来の願望などを、脳の深い部分から取り出そうと努力するのです。

広大な世界地図を作って「台車管理」しよう

もし、脳の長期記憶にアクセスしても、うまく取り出すことができないのであれば、外部記憶を頼ってみましょう。自分が経営者であれば、以前に作成した事業計画書な

どを引っ張り出し、

「今月の売り上げも大事だけど、3年先には、現状の5店舗から30店舗へと拡大させると事業計画に書いた。最近、そのことに焦点を合わせていない」

と思い出すのです。

自分が憧れる人の自伝を取り出して読み返し、

「この人のように、20代のうちに海外留学すると決めていた。いつかはやりたい、ではなく、4年後までには実現させたい」

と、このように手がかりを見つけては、将来「やるべきこと」「やりたいこと」を書き出していきます。

「今日やるべきこと」「今週やるべきこと」という「荷物」の中に、中長期的な視点で書かれた「荷物」も混じることになります。これらの「荷物」はもちろん、非常に大きなものになります。

これらは当然「タスク」ではなく、「プロジェクト」です。

しかも、スケールテクニックで分解しても分解しても、なかなか「タスク」にまでたどり着かないほどの大きなプロジェクトです。

「料理教室を起ち上げる」「マイホームを建てる」「店舗を拡大する」といった「やりたいこと」は、スケールテクニックを使って作業時間を見積もることなどできないほどの大プロジェクト。

あまりに大きな荷物なので、ひとたび押そうと思っても、どこから手を付けていいかわからないほどの大きさです。

これらは、あなたにとって、他の荷物とは比較にならないほど重要な荷物であるはずです。

一番運びたい荷物であるはずなのです。

最も運ぶべき荷物であるはずなのです。

しかし、その荷物を見て見ぬふりをしてきた月日が長すぎて、いつしか視界に入らなくなったのです。

その荷物を思い出し、「世界地図」に加えましょう。

他人が描いた「世界地図」の中で生きるのではなく、自分が作り上げた「世界地図」を見つめながら生きるのです。

自分の人生は自分のもの。他人に振り回される人生に終止符を打つのです。

「重要―緊急マトリックス」で荷物を整理する

「重要―緊急マトリックス」という、私がとても大切にしているフレームワークがあります。

「重要度」と「緊急度」の2つの軸で、「やるべきこと」「やりたいこと」の優先順位を識別していくのに役立ちます。

- **「重要である」かつ「緊急である」こと……今すぐやるべきこと**
- **「重要でない」かつ「緊急である」こと……先送りしてもよいこと**
- **「重要である」かつ「緊急でない」こと……焦点を合わせるべきこと**
- **「重要でない」かつ「緊急でない」こと……やるべきでないこと**

中長期的な将来にも焦点を合わせ、荷物の「世界地図」を作るのです。これまで以上に、大きな大きな世界地図を作ります。そして、積極的に「重要である」かつ「緊急でない」荷物に目を向け、このプロジェクトをタスク分解していきます。

「重要―緊急マトリックス」を使い、他人のためではなく、自分のために正しく優先順位をつけて、運ぶべき荷物を選定します。荷物が大きければ、小分けにし、ネームタグを付け、台車に載せていきます。

これが**「台車管理」**です。

自分で「台車」を管理し、自分で決めたルールに則って「まっすぐやる」のです。

たとえ将来のことでも、「いますぐやる」べきことはあります。

「3年先に店舗を拡大する」のであれば、将来の店長候補を採用したり、育成しなければなりません。そのタスクはもちろん3年先にやることではありません。

「5年後にマイホームを建てたい」というのであれば、頭金を作るために「いますぐ」お金を貯めないといけないかもしれません。

今すぐやらなくてもいいけれど、未来のために、いますぐやったほうがいいことをどれだけ優先的にやるか。

これだけで人生の「質」が変わってくると私は信じています。

主導権を握り、ストレスフリーを実現する

ドラスティックに仕事のやり方を変えるために絶対必要なのは、〝使用人根性〟を捨てることです。**仕事を進める上で、主導権を握ること。**

そして**主導権を握るためには「時間単位」で仕事をするのではなく、徹底して「成果単位」に意識を変えることです。**

その仕事の「上位概念」に意識を向けると、その仕事をして本当に意味があるのか？　成果を出すために必要な作業なのかの見極めができるようになります。

そもそも、その資料を作る必要がないのであれば、資料作成を短くするコツを習得しても意味がありません。やるだけ職場の雰囲気を悪くするような会議なら、その会議の時間を短縮しても焼け石に水。

ポイントはひとつです。

仕事の「やり方」ではなく「あり方」を考えること。

「やるべきこと」かどうかという問いかけではなく、「あるべきこと」かどうかの問いかけをしていきましょう。荷物の「押し方」ではなく、「あり方」です。

月に1回でも、3ヶ月に1回でも、ノイズが入らないような場所や空間で、何度でも、**「自分はどうありたいのか、どうあるべきなのか？」**と、問いかけてみましょう。

どんなことを手に入れたいのか、どんな生活をしたいのか、どんな家庭を築き、どんな仕事に就いて、社会やお客様にどんな貢献をしたいのか。色々な「切り口」で自分に正しい「問い」をしてみるのです。

正しい「問い」を繰り返すことで、仕事の「やり方」ではなく「あり方」を考えることができます。この仕事をやるとか、やらないとかで悩むことは減っていきます。

こうすることでドラスティックに仕事の生産性をアップすることができます。自分の本当に「やりたいこと」が実現します。

主導権を握り、ストレスフリーな仕事をこなして、ワークライフバランスを実現させましょう。

エピローグ

軽々とやる人になり、「ワークライフバランス」を実現する！

それでも行動できないと言うあなたに最後のメッセージ

本書を最後までお読みいただき、ありがとうございました。

「台車理論」について、よくおわかりいただけたことと思います。

ですが、それでも**「頭ではわかったけど、どうしても行動できない」**というあなたのために、私から最後のメッセージです。

「あれだけ言っているのに、どうして動かないのか？」

「わかっているはずだ。にもかかわらず、どうして変われないのか？」

現場に入ってコンサルティングしていると、多くの経営者、管理者の方にこう言われます。しかし、これまで何度も述べてきたとおり、**どのように行動すればいいかを知っているからといって、すぐに行動できるわけでもないものです。**

頭ではわかっているのだけれども、なかなか行動に移せないことは、誰にでもあるのです。**「知っていること…ノウイング（knowing）」「やっていること…ドゥイング（doing）」に差があることを、「ノウイング・ドゥイング・ギャップ」と呼びます。**

具体的な行動にまで分解し、あとは「やるだけ」の状態になっても、まだ動けない人がいます。それをやらなければならないことだとわかっているのにもかかわらず、です。

こういう「やる気が出ない」状態は誰にでもあるわけですが、ここで絶対に勘違いしてはならないことがあります。

「あとは『やるだけ』と言っても、なかなかそれができないものだ。どうすればやる気になるのか、知りたい」

このように考えることです。こういう人を**「やる気貧乏」**と呼びます。繰り返しますが、その質問への答えは「やるだけ」です。

行動できない最大の理由は、**「怠惰」**なのだと覚えておきましょう。怠けているだけですので、何の悩みもありません。怠けているのだと自覚するのです。やればいいだけです。それだけです。

問題なのは「怠けているわけではない」という先入観です。

「決して怠けているわけではない。怠けるつもりはないけれども、どうしてもやる気が出ない。やる気を出すやり方を知ったけれども、それさえできない。どうしたらいいんだろう？」

といった堂々巡りの問いかけが、勘違いの根源です。

昨今は、「怠けている」とはっきり指摘しづらい時代となりました。

しかし、私もそうですが、誰もがただ「怠けている」だけ、というときもあるはずです。

病気でもなく、脳に障害があるといった事情があるわけでもないのに、誰だって「怠けている」ときはありますので、それを正しく認識することは重要です。思考とノイズを切り離していきましょう。

まとめますと、

いつまでも堂々巡りをしていてはキリがありません。

荷物を軽くしたら「えいや！」と押すのです。

どんなに荷物を軽くしても、それさえ「押す気」にならないのなら怠けているだけ。

そう自覚するのです。

行動が遅い人は思考が眠っているだけ

私は30過ぎの頃、1年以上「カプセルホテル」に住んでいたことがあります。

〝住んでいた〟というのは語弊があるかもしれませんが、平日のほとんどの宿がカプセルホテルだった時代が確かにあります。

朝になると、ゴミに集《たか》るカラスの姿があちこちで見られるような場末の繁華街に、そのカプセルホテルはありました。

私の身長は181センチです。カプセルの部屋の中は、寝転ぶと入口のロールカーテンに足がついてしまうほど、私には狭かった。しかし、そんな状況もしばらくすると慣れてくるものです。昔、青年海外協力隊にいた頃は、もっとひどいところで寝泊まりしたこともある、と言い聞かせ、自分を納得させていました。

カプセルホテルは普通のホテルと異なり、どれだけ連泊しようが、部屋に荷物を置きっ放しにはできません。毎晩、フロントで宿泊カードを書いてお金を支払わなくてはならないのです。

出入りしていたカプセルホテルの従業員たちは、みんな無愛想。私も、彼らに挨拶をしたり、世間話をすることもありませんでした。

ですが、不思議なもので、彼らは私の顔を見ると、いつも申し合わせたように、同じ部屋のロッカーの鍵を渡してくれるのです。

明らかに、私に「憐《あわ》れみ」の念を抱いていたと思います。

酔っ払って入ってくるサラリーマンたちや、行くあてがなく転がり込んできた若者とも違い、私はスーツを着て、ビジネスバッグを持ち、泥酔もしていないのに、ほぼ毎日同じ時間にカプセルホテルにチェックインしていたからでしょう。

30歳を過ぎても、そんな生活をしていた私に対する憐れみ、蔑《さげす》みです。

よく覚えているのは、ある夏の暑い日のことです。

カプセルホテル内で酔っ払いが騒ぎだし、夜中の2時ぐらいに目を覚ましました。従業員が駆け付けてからも騒ぎは収まりません。罵倒し合う声や、ロッカーを殴ったり蹴ったりしている音でなかなか寝付けず、結局そのまま朝を迎えました。

翌日もうだるように暑い日で、寝不足で体がとても重い。自分のデスクについても、仕事を始められない。暑さのせいで、体が重いし、仕事にやる気がなく、気が重い。プレッシャーのせいか、荷が重い。

その日は、いつも以上にだるい一日を過ごしました。夜の9時頃にオフィスを出てカプセルホテルへ向かうと、フロントで従業員の一人が私にこう言いました。

「仕事は、はかどりますか？」

初めて、その従業員に質問されました。いつも無愛想に鍵を渡してくるだけでしたから。「いや」とだけ、私が答えると、

「でしょうね」

と返されました。

カプセルの中に入り、目の前の天井を見つめていると、「でしょうね」というセリフが頭の中でリフレインしました。

暑い夏の日です。クーラーの室内機がウーンと唸る中、てのひらで汗を拭きながら、カプセルホテルの従業員に「でしょうね」と言われた事実を何度も思い返していました。

それから10年以上が経ち、出版社の取材で「ザ・ペニンシュラ東京」のロビーでインタビューを受けたことがあります。

この日も暑い日でした。

有楽町の駅を降りたときから、私は汗だく。キャリーケースを転がしながらペニンシュラにたどり着くと、すぐさまホテルの従業員が私に駆け寄り、冷たいおしぼりを差し出してきました。

そのおしぼりで額の汗をぬぐっている間に、電話が着信。電話を受けると部下からの相談でした。

その相談を受けながら、ロビーをぐるりと見渡すと、出版社の編集者とインタビュアーが私を見て手を挙げています。私は部下に指示を2つ出し、電話を切り、出版社の方々がいる先へ軽い足取りで向かいました。ピアノの生演奏がすぐ間近で聴ける席でした。

取材は1時間で終了。取材の内容は「すぐやる人になるための秘訣」です。

取材が終わってから、私はそのロビーに一人で留まりました。愛知県在住の私には「ザ・ペニンシュラ東京」のような東京の高級ホテルに来る機会はめったにありません。外はまだ残暑が厳しい夕方。しばらくは、ベルガモットの爽やかな香りが漂う空気に浸りたいと思いました。

ウェイターを呼び、コーヒーのお代わりを注文します。すると先ほどのインタビュアーの声がよみがえってきます。

「今までお聞きした話を、私のメモを見ながら繰り返させていただきます」

インタビュアーは言いました。

「横山さんは、企業の現場に入ってコンサルティングをしながら、年間100回以上の講演、セミナー活動をこなし、メルマガは年間150本以上、日経ビジネスオンラインのコラムは年間50本、Yahoo!ニュースの記事は年間100本、書籍は年間1~2冊執筆し、YouTubeの動画は年間50本配信していらっしゃるんですよね。さらにコンサルティング会社の社長ですから、マネジメントも人材採用もこなし、26年目に入った知的障がい者のボランティア活動も年間ほぼ欠かさず出席し、月間100キロ以上はコンスタントに走っている。そうですね？」

「はい」

「しかも、週末は家族と過ごす時間を十分に取ることができている、というから大したものです。こんな膨大なことを軽々とこなしているんですから」

ここまで言われて私は、こう言いました。

「実のところ、これでもまだ私には、かなりの余裕があるんです。もっともっとたくさんの仕事を軽々とこなせる自信があります」

すると、インタビュアーは私にこう返したのです。

「でしょうね」

しばらく私はコーヒーを飲みながら「でしょうね」という言葉を反芻していました。

「ザ・ペニンシュラ東京」のロビーからエントランスを眺めると、荷物を運ぶポーターの姿が目に入ってきます。

鳥かごのような台車に、スーツケースなど多くの荷物を積み上げ、颯爽と歩く姿はとてもスマートです。優しい笑顔で、よい姿勢で、重い荷物でも、軽々と運んでいく様子は、はたから見ていて気持ちがよい。

以前、私は「思考が眠っている人」でした。

その私が、今では仕事を軽々とこなせるようになっています。

そして毎日をハッピーに過ごすことができています。

これは抱えている荷物を見える化したこと、時間をかけてノイズを減らしたこと、そして何よりレジリエンスを鍛え続けた結果だと思っています。

この書籍で紹介している「台車理論」は、あなたが、まさに「ザ・ペニンシュラ東京」で働くポーターのような気分で、目の前の仕事、作業を「今すぐやる」「軽々とやる」ためのメソッドです。

重要なことは「すぐやる」ことではなく、人生に幸福をもたらすことです。

本書との出会いによって、あなたの気持ちがこれまで以上に軽くなることを心から願っています。

最後に、本書を執筆するにあたり、編集の木村文さんには本当にお世話になりました。初めて木村さんから声をかけてもらったのが約4年前です。この4年間、諦めることなくずっと「本を出しましょう」と言ってくださったその情熱に、とても感謝しています。

2016年7月

横山信弘

著者略歴

横山 信弘（よこやま・のぶひろ）

アタックス・セールス・アソシエイツ代表取締役社長。

1969年、名古屋市生まれ。24歳から青年海外協力隊に参加した後、日立製作所に入社。

もともと奔放で大ざっぱな性格であったがゆえに、日本の会社員生活、完璧を求められるシステムエンジニアとしての職種に馴れず、精神的ストレスに長年悩む。35歳で退社後、コンサルティング会社に転籍。

その後、目標の2倍の“予材”を積み上げて目標を絶対達成させる「予材管理」というマネジメント手法を開発。

大ざっぱではあるものの、わかりやすいメッセージが爆発的にウケ、ＮＴＴドコモ等の大企業から中小企業にいたるまで「予材管理」を採用する企業が続出。

3大メガバンク、野村證券等でも実績がある企業研修は基本的に価格がつけられず「時価」。それにもかかわらず、研修依頼はあとを絶たない。常に8ヵ月先まで予約が埋まっている。

現場でのコンサルティング支援を続けながらも、年間100回以上の講演実績は6年以上を継続。

メルマガは3万5000人の企業経営者や管理者が購読。日経ビジネスオンライン、Yahoo!ニュースのコラムは年間2000万以上のＰＶを記録する。

全国をネット中継するモンスター朝会「絶対達成社長の会」は、東京、名古屋、大阪、福岡など5ヶ所で展開し、“絶対達成”をスローガンにした起業家や若手経営者を500名以上動員する。

ベストセラー『絶対達成する部下の育て方』『絶対達成マインドのつくり方』『空気で人を動かす』をはじめ、ほとんどの著書の翻訳版が、韓国、台湾、中国で発売されている。

横山信弘のメルマガ草創花伝
http://attax-sales.jp/mailmagazine/

絶対達成社長の会
http://pag-presidents.jp/

ムーブ ユア　バス

ロン・クラーク 著　橘明美 訳

定価(本体価格1,300円+税)

『7つの習慣』ショーン・コヴィー氏推薦!

フォーチュン誌ランクインの有名企業から講演依頼殺到。

100万部突破『あたりまえだけど、とても大切なこと』を著した。

ニューヨークハーレムの話題の学校校長による注目のマネジメント論とは!?

アメリカでこの「バス」理論を取り入れた企業はみな「業績アップ」「従業員の士気アップ」「生産性アップ」。話題 の1冊です。

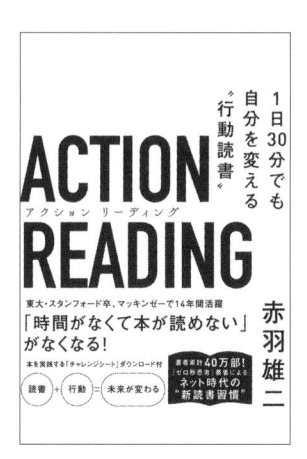

超一流のすぐやる技術

2016年7月14日　初版第1刷発行

著　者　横山信弘

発行者　小川 淳

発行所　SBクリエイティブ株式会社
〒106-0032　東京都港区六本木2-4-5
電話：03-5549-1201（営業部）

装丁デザイン　小口翔平＋山之口正和（tobufune）
本文デザイン　喜來詩織（tobufune）
D T P　白石知美（システムタンク）
図版作成　アーティザンカンパニー
校　正　文字工房燦光
編集担当　木村文
印刷・製本　中央精版印刷株式会社

ISBN 978-4-7973-8702-5